AF275963

Espacio somático, cuerpos múltiples

María Auxiliadora Gálvez

© del texto y las ilustraciones
Mª Auxiliadora Gálvez

© de la edición
© Ediciones Asimétricas, 2024
www.edicionesasimetricas.com

Diseño de colección y cubierta
Toni Cabré

Maquetación
Emi Ramírez

ISBN
978-84-10065-69-7
Depósito Legal
M-24886-2024

Impresión
Estilo Estugraf Impresores

Primera edición, diciembre 2019
Segunda edición, noviembre 2024

Impreso en España
Printed in Spain

Índice

... A mis padres Auxi y Pepe

Nota a la segunda edición

Este libro delimita un territorio y lo hace no solo con la propia narración sino con los elementos prácticos y bibliograficos que lo circundan.

Fue el resultado de los 3 primeros años de LSAAP (Laboratorio de Somática aplicada a la Arquitectura y el Paisaje) 2016-2019. De sus teorías y de sus hallazgos prácticos, investigando la arquitectura a través del cuerpo. LSAAP pertenece a la Plataforma que dirijo (PSAAP) situada en la intersección entre somática y arquitectura. Esa intersección es un ámbito epistemológico y práctico nuevo donde se llevan al cuerpo los modos de conocer y de hacer práctica y teoría. El cuerpo es un medio de comprensión de lo arquitectónico no exclusivamente logocéntrico, por lo que se relaciona también con modos de comunicar multiespecies.

LSAAP, laboratorio que empezó en el ámbito universitario español, con el tiempo, se ha ido expandiendo internacionalmente y a diversas instituciones de Arte y Arquitectura. Hoy día establece diversos formatos, pero todos, en su fondo, ponen en cuestión de forma crítica los imaginarios desde los que ejercemos la práctica arquitectónica a través de la experiencia y lo hace en la dirección de ecologías más virtuosas.

La presente edición de *Espacio somático, cuerpos múltiples* sucede a la que se hizo en 2019 y, si bien mantiene el contenido de forma general, ha sido revisada y actualizada en algunos aspectos. El texto conserva, después de cinco años, no solo su vigencia sino su pertinencia: en un momento de crisis global y múltiple, mientras no tratemos a nuestros propios cuerpos de forma cuidadosa—un cuidado que debemos extender a otros organismos— y no cuestionemos los imaginarios que los sustentan y que, por extensión, sustentan nuestras acciones, no conseguiremos crear prácticas urbanas y arquitectónicas que consideren los conflictos y sinergias de las ecologías de forma transversal y por tanto más solidarias. Diseñando para diversas especies, abriendo posibilidades de transformación socio-política, incluyendo la diversidad de cuerpos que nos conforman, tal vez consigamos avanzar en un proyecto de arquitectura y territorio que comprenda los ensamblajes vitales y materiales que envuelven a humanos y más-que-humanos y que atañe a todo el planeta.

María Auxiliadora Gálvez
Madrid, noviembre de 2024

Introducción

Espacio somático se refiere al punto de vista subjetivo y dirigido hacia el interior, en primera persona, que, con base en la atención, trata de entender el propio organismo en su relación con sus estructuras y con el medio que lo rodea.

Lo somático es todo aquello relativo a la materia física del organismo, teniendo en cuenta que esta informa y es informada continuamente por sus procesos *no matéricos*: un pensamiento, la imaginación, los humores, los afectos, las atmósferas... estos aspectos no actúan en o sobre el cuerpo, son el cuerpo. Es decir, se refiere al organismo en todas sus dimensiones. Por si quedara duda, y claramente dando por superada la tradicional dualidad de la cultura occidental entre cuerpo y mente, el propio cuerpo aquí no es entendido como objeto, sino como sujeto y el sistema nervioso y sus procesos forman parte de esta corporalidad.

En su origen etimológico procedente del griego lo somático significa literalmente «propio o relativo al cuerpo». Si nos acogemos a la rama filosófica que lo estudia, podríamos decir que si la *fenomenología* pone el acento en la experiencia corporal para acceder al mundo, la *somática* añade este punto de vista dirigido hacia el interior que ya hemos mencionado.

Este paisaje interno está permanentemente fundido o puesto en relación de manera íntima con el paisaje *exterior* del medio. Uno no tiene sentido sin el otro. Me percibo con relación a lo que me rodea y los que me rodean. Este enfoque somático por tanto arrastra consideraciones sociales, políticas y ecológicas —relacionando unos individuos y otros entre ellos y para con sus entornos—. Estas retroalimentaciones, la *interna*, la *externa* y la *sociopolítica*, se dan a la vez.

La somática la consideraré aquí en una doble vertiente práctica y teórica. Nuestra aproximación es pragmática ya que queremos que nuestra teoría *afecte a* y se vea *afectada por* nuestras prácticas arquitectónicas y paisajísticas.

Mi profundización en las técnicas de educación somática de forma práctica —continuando mi interés por la danza— vino de la mano del Método Feldenkrais. El método fue desarrollado en la segunda mitad del siglo XX por Moshe Feldenkrais: matemático, ingeniero, doctorado en ciencias y maestro de yudo. Esta educación somática utiliza un conjunto de técnicas sensoriales-motoras que ponen en relación el sistema nervioso, el sistema músculo-esquelético y el sistema del entorno o medio que nos rodea. Estos tres sistemas son interdependientes en todo momento por lo que pensamiento, movimiento, afectos y percepciones están interrelacionados.

Es con base en el movimiento —más tangible— que se trata de tener conciencia o de acceder a lo demás. El foco de este método está en la investigación del movimiento. Una sesión clásica del método Feldenkrais puede darse en dos formatos, individual o grupal. En ambos casos se trabaja con la imagen sensorial de la persona a través de la atención dirigida a diversos patrones de acción. En el caso del formato individual (Integración funcional - IF) la atención se dirige a través del tacto; en el caso de las sesiones grupales (Autoconciencia a través del movimiento - ATM) la atención se dirige verbalmente. La imaginación también se involucra en varias modalidades, si bien la más habitual es la de la imaginería motora. Lo interesante aquí es pensar en acción y determinar cómo haces lo que haces con la finalidad de crear las condiciones para un aprendizaje.

Se trata de una técnica de *aprender a aprender* según tu experiencia de interacción con el medio, lo cual es altamente interesante en el ámbito del diseño de entornos paisajísticos o arquitectónicos, y también en el afinamiento de la percepción de sus cualidades.

Como sabemos, la presencia de la fuerza de la gravedad es patente en todo momento y dictamina gran parte de nuestra organización y acción. Por este motivo muchas de las sesiones comienzan estando tumbado en el suelo, variando el patrón predominante de nuestra relación con la gravedad y dejando lugar a nuevas organizaciones de nuestro sistema y movimiento, siendo afectada así nuestra imagen sensorial.

Por otra parte, los *aspectos teóricos* que aquí considero en su influencia en la arquitectura y el paisaje se encuentran principalmente en algunas ramas de la filosofía y en aspectos de la psicología o los estudios feministas. Por esto creo preciso hacer ahora, al inicio, un breve repaso de los textos de referencia que pueden ser importantes para abordar este enfoque.

Con respecto a la filosofía señalaríamos en primer lugar a la fenomenología —principalmente Maurice Merleau-Ponty, 1945*— y luego podríamos

*Nota: las fechas indicadas en las corrientes teóricas reseñadas en esta introducción son orientativas. Se refieren al año de la obra que consideramos más representativa dentro de la producción de cada autor al respecto del tema considerado.

encontrar fundamento en la somática como tal y en corrientes como la «estética de la participación» (*aesthetics of engagement*) y, dentro de esta, más precisamente, en la «estética medioambiental» (*environmental aesthetics*, 1992) de Arnold Berleant, que considera que el entorno no es un territorio externo, sino que existe en continuidad con lo corporal; también podemos señalar la «filosofía corporeizada» (*embodied philosophy*) con *The body in the mind. The bodily basis of meaning, imagination and reason* (1987) de Mark Johnson, donde se observa cómo nuestra experiencia corporal determina nuestra comprensión, pero también el significado de otros sistemas y entornos indagando en las ciencias cognitivas; especial mención merecen la «somaestética» (*somaesthetics*, 2008), de Richard Shusterman, que se refiere al uso y experiencia del cuerpo como lugar de apreciación perceptiva y creación, o las consideraciones entre filosofía, psicología y neurociencia de Shaun Gallagher (2005) que veremos más adelante sobre todo con relación a sus reflexiones respecto a la *imagen corporal* y al *esquema corporal*.

En todo caso ya Edmund Husserl, el padre de la fenomenología, establecía la «somatología» en 1912 como «la ciencia del organismo animado» en la que «la percepción y la experiencia del organismo animado pudiera ser aquella que adoptara y determinara el modo de la experiencia y pensamiento teóricos». De acuerdo con Husserl, la somatología establece sistemáticamente relaciones entre las esferas de las sensaciones en la fisiología de los órganos sensoriales y el sistema nervioso y los relaciona con los afectos y atmósferas del organismo animado en el medio.

Igualmente, considerando las ideas sobre *organismo animado* pero también de *materia animada,* encontramos interesante fundamento en el terreno del *nuevo materialismo* con representantes como Manuel DeLanda, Rosi Braidotti o Karen Barad, autoras estas dos últimas de aproximación feminista. El *nuevo materialismo* —de raíz monista que vendría a decir que toda materia es animada según un único principio— desarrolla ideas desde los años noventa acerca de la materia y sus procesos de autoorganización y morfogénesis produciendo lo que nos rodea y sus interrelaciones. ¿Qué es un cuerpo y cómo se relaciona con otros? Siendo esto interesante al entroncar, entre otras, con las consideraciones contemporáneas de la arquitectura en sus aspectos atmosféricos y de los afectos. Como señalaremos, éstos están íntimamente ligados a la experiencia somática.

Por último nos gustaría referirnos a la interconexión de la somática con algunas líneas de pensamiento político-filosófico como la asociada a la «imaginación radical» de Cornelius Castoriadis (1975) o las ideas del pragmatismo radicalizado relativas a la revolución permanente de Roberto Mangabeira Unger (2009). Igualmente aquí autoras como la ya mencionada Rosi Braidotti abordan las relaciones políticas como encarnadas y la imaginación como herramienta indiscutible para ver las alternativas presentes en la realidad en toda su diversidad. La construcción de subjetividades nómadas de Braidotti o las relaciones entre las concepciones de poder entre el centro y la periferia que analiza *bell hooks* —dando a lo periférico una cualidad de radical apertura— entroncan con cómo la experiencia somática construye cuerpos y colectividades desde la diferencia, entendida esta como positiva.

En cuanto a la psicología es interesante recuperar algunos textos clásicos de su rama cognitiva para entender esta mirada a la arquitectura y el paisaje desde la somática. Nos gustaría destacar en particular *Cognition and Reality. Principles and implications of cognitive psychology* (1976), de Ulrich Neisser, autor al que por otra parte aludiremos más adelante en este ensayo principalmente al hablar del *ser ecológico* y los *mapas cognitivos*.

Por último merece especial mención el texto perteneciente a la etología *A Foray into the Worlds of Ani-*

mals and Humans (1934), de Jakob von Uexküll, quien acuña el concepto de «Umwelt» (Medioambiente) en 1909 y lo relaciona con el aparato sensorial del organismo que lo habita.

Si bien esta cartografía personal de fundamentos prácticos y teóricos es extensa y caleidoscópica, parece importante esbozarla para orientar acerca de la complejidad de las influencias que el *Espacio Somático* ejerce, según múltiples relaciones gravitatorias, *en los territorios de la arquitectura y el paisaje.* Cada uno de los capítulos de este texto las recorrerá agrupadas según cinco aspectos: *navegación espacial; sistemas vivos; antropología sensorial; imaginación; y cognición corporeizada y situada.* Se tratará en cada caso de ir indagando en estos temas a través de teoría pero también de sus prácticas asociadas.

Es en este sentido que queremos traer aquí tres escenas que tal vez puedan ilustrar nuestra aproximación desde la práctica arquitectónica y paisajística y en las que queremos enmarcar en este momento las palabras que vendrán a continuación.

La primera escena comenzaría con un Buckminster Fuller que hasta sus cuatro años de edad, debido a un problema de visión, solo podía observar patrones de grandes dimensiones y relaciones entre las cosas, no los detalles. Si bien a los cuatro años, en 1899, esto se le corrigió mediante lentes al determinarse que era extrañamente hipermétrope, Fuller narra que nunca dejó esta forma de observar la realidad; los detalles no llegaron a tener tanta presencia en su percepción como los patrones generales y las relaciones entre las cosas.

La cuestión es que además desarrolló la habilidad de extrapolar lo que descubría en un sistema hacia otros sistemas, alcanzando una comprensión sistémica, compleja y basada en las interrelaciones de aspectos de su experiencia en el medio. Su comprensión del mundo tiene mucho que ver con su condición vital como navegante y piloto pero precisamente también con la observación de sí mismo como individuo capaz de entender su universo relacional e interactuar con él, en primera persona.

A través de su Dymaxion Chronofile Fuller emprendió el estudio sistemático de él mismo como sujeto —«Guinea Pig B» se denominó— con el fin de aprender y relacionar aspectos diversos de lo humano y su contexto, de extrapolar hacia la generalidad a partir del estudio de sí mismo, de la conciencia de sí mismo. Se ejercitaba en desarrollar un pensamiento cósmico partiendo de los eventos que experimentaba, desde los más cotidianos hasta los más científicos. Se trataba de un diario de pensamientos y hechos, no solo ocurridos, sino posibles o futuros, que comenzó de forma consciente alrededor de 1915 —si bien el primer volumen recoge información desde su nacimiento— siendo un registro continuo hasta el final de su vida. En la fecha de su muerte el diario contaba con unos 750 volúmenes.

Fuller, en su texto *Utopia or Oblivion.The prospects for humanity* (1969), denominará «teleología» (*teleology*) a esta capacidad de conversión de un caso subjetivo, basado en la experiencia, a un principio general y su consecuente aplicación en otros sistemas. Los grandes piratas, explicaba B. Fuller en *Operating Manual for Spaceship Earth* (1968), fueron paradigmáticos y algunos de los últimos en tener esta visión compleja del mundo a través de su experiencia, antes de que la especialización coartara ese panorama relacional capaz de propiciar una comprensión transversal de las leyes naturales —y políticas— una comprensión transversal que es la natural cuando somos niños.

Precisamente con el mismo enfoque de tratar la experiencia vital como escuela y fuente de aprendizaje principal de carácter transversal —no especializado— aparece en nuestra segunda escena *Global Tools. Global Tools* se autodenominaba una *antiescuela* y surge en el corazón del movimiento de la Arquitectura Radical italiana materializándose según una colección de talleres que, con sede principal en Florencia, Milán y Nápoles, se desarrollaron entre los años 1973 y 1975.

En *Global Tools* se trataba de puentear las divisiones entre la mente y el hacer práctico corporal. También se trataba de recuperar la sabiduría a través del hacer y no solo a través de los aspectos intelectuales. Algunos de sus promotores fueron Andrea Branzi, Ugo La Pietra, Ricardo Dalisi, Remo Buti o Ettore Sottsass y contaron con colaboradores invitados como el propio Buckminster Fuller, Ivan Illich o representantes de la Arquitectura Radical austriaca como Haus-Rucker-Co.

Las experimentaciones e investigaciones de *Global Tools* estaban enmarcadas en cinco bloques: *el cuerpo, la construcción, la comunicación, la teoría y la supervivencia* —siendo esta última una forma de nombrar aspectos que hoy asociaríamos a la ecología teniendo en cuenta aquel contexto en plena guerra fría—.

En *Global Tools*, el cuerpo era entendido como la herramienta primaria por excelencia de comprensión y construcción y se practicaba el aprendizaje corporeizado a través de aspectos como la *imaginación*, la *conciencia del movimiento*, la *sexualidad*, la *antropología sensorial y de las técnicas* o la *vestimenta*, también el *tatuaje*, la *gravedad* o los *aspectos socio-políticos* de entre un largo listado por el que estas experiencias corporeizadas se iban intersecando con los otros cuatro bloques ya mencionados. En algunos de los talleres —los de Ricardo Dalisi en Nápoles son especialmente representativos— se trabajaba con niños en sus propias barriadas, teniendo en ellos una referencia de aprendizaje desprejuiciado, no especializado e integrado a partir de la experiencia.

La acción directa sobre el cuerpo y el medio como extensión del mismo generaba un aprendizaje tácito sobre lo humano y configuraba las bases para el desarrollo del potencial individual de cada uno. La imaginación radical, la ruptura de los hábitos a partir de restricciones corporales o el cuerpo como herramienta y lugar de construcción abogaban por la creación de individuos libres a partir de la comprensión de las múltiples facetas de lo vivo, el hecho humano y la transformación de sus entornos.

Por último la tercera escena. La encontramos en los ciclos RSVP desarrollados por la coreógrafa postmoderna Anna Halprin y el paisajista Lawrence Halprin. Ambos destacan el potencial creativo, en cualquier circunstancia, y desarrollan al respecto los ciclos RSVP relativos a *los procesos creativos en el entorno humano.*

Estructurados según cuatro fases intercambiables y manipulables en su orden y presencia, las fases se referían a aspectos del entorno y la experiencia. Se trataba de producir el reconocimiento de las posibilidades del cambio, de pensar y diseñar a través de la acción de forma corporeizada —y en la mayoría de los casos colectiva—, sin perder de vista la originalidad e individualidad de cada uno. «(R)ecursos» (*Resources*); «(S)estructuras-partituras» (*Structures-Scores*); «(V)evalua(c)ción» (*Valua(c)tion*); y «(P)ejecución» (*Performance*) conforman los estadios de estos ciclos creativos que usaron los Halprin entre los años sesenta y ochenta principalmente.

El ciclo conformaba una guía de trabajo flexible que subyacía tanto en los «Talleres con bailarines» como en los denominados «Talleres Arte/Vida», los «Experimentos en el medioambiente» o el desarrollo de proyectos de espacios públicos y planeamiento urbano según el formato del *Take Part Process* que generaba diseños participativos en alguna de las fases de diseño.

Los ciclos emergieron ante la necesidad de organizar un acto creativo y de comprensión común, reconociendo al mismo tiempo el potencial individual y los aspectos personales de cada participante. Los Halprin diseñaban para la participación y a través de la participación. Los espacios públicos de Lawrence estaban pensados para la acción y la inclusión —no hay más que ver, por ejemplo, las fotos de la inauguración de su Forecourt Fountain en Portland (1970)—. Esto emergió tempranamente en las propuestas coreográficas de Anna, siendo paradigmática la experiencia *Ceremony of Us* (1969) donde se afrontaban aspectos raciales, políticos y sociales. No se trataba de una mera coreografía, sino del trabajo de un año con dos comunidades, una en Watts (Los Ángeles), otra en San Francisco. Una negra, otra blanca, en un momento en el que los conflictos raciales eran patentes. *Ceremony of Us* era el encuentro y el trabajo común ininterrumpido durante diez días las veinticuatro horas de cada día, tras un año de trabajo independiente en paralelo.

La idea de los Halprin, a través de sus diseños y coreografías, era acceder al desarrollo de las facultades de la persona en su entorno a través de la conciencia sensorial, el movimiento y el reconocimiento de los recursos compartidos, también de las discrepancias entre individuos capaces de evolucionar personalmente, como organismos originales y valiosos en esta originalidad. Aproximación que podríamos decir es relativa a un diseño de *democracia radical* y que emerge, claramente, desde la experiencia somática. Los diseños se hacían en ocasiones a través de este diálogo a nivel somático, sin palabras o diseño previo, sino reaccionando en tiempo real como grupo social a unas circunstancias: los planos se cartografiaban después.

Vistas estas tres escenas, mención aparte merecerían aproximaciones arquitectónicas que, con raíz en la *fisiología* —sirvan Décosterd & Rahm como ejemplo— o en la fenomenología, estarían igualmente emparentadas con nuestro *Espacio Somático*. Son sobradamente conocidos los posicionamientos de arquitectos como Juhani Pallasmaa, Juan Navarro Baldeweg o Steven Holl, por nombrar algunos. La línea fronteriza entre estas aproximaciones fenomenológicas y otras más radicalmente somáticas la instalaremos en ese lugar donde la participación corporeizada incide claramente en el diseño, tal y como hemos visto en las tres escenas que acabamos de describir.

Llegados a este punto, y con estas escenas en nuestro haber, nuestro objetivo ahora sería el de adentrarnos, sin más dilación, en las arquitecturas y paisajes de este espacio somático; de estos cuerpos múltiples.

Comencemos ahora por el principio: la navegación espacia.

Navegación espacial

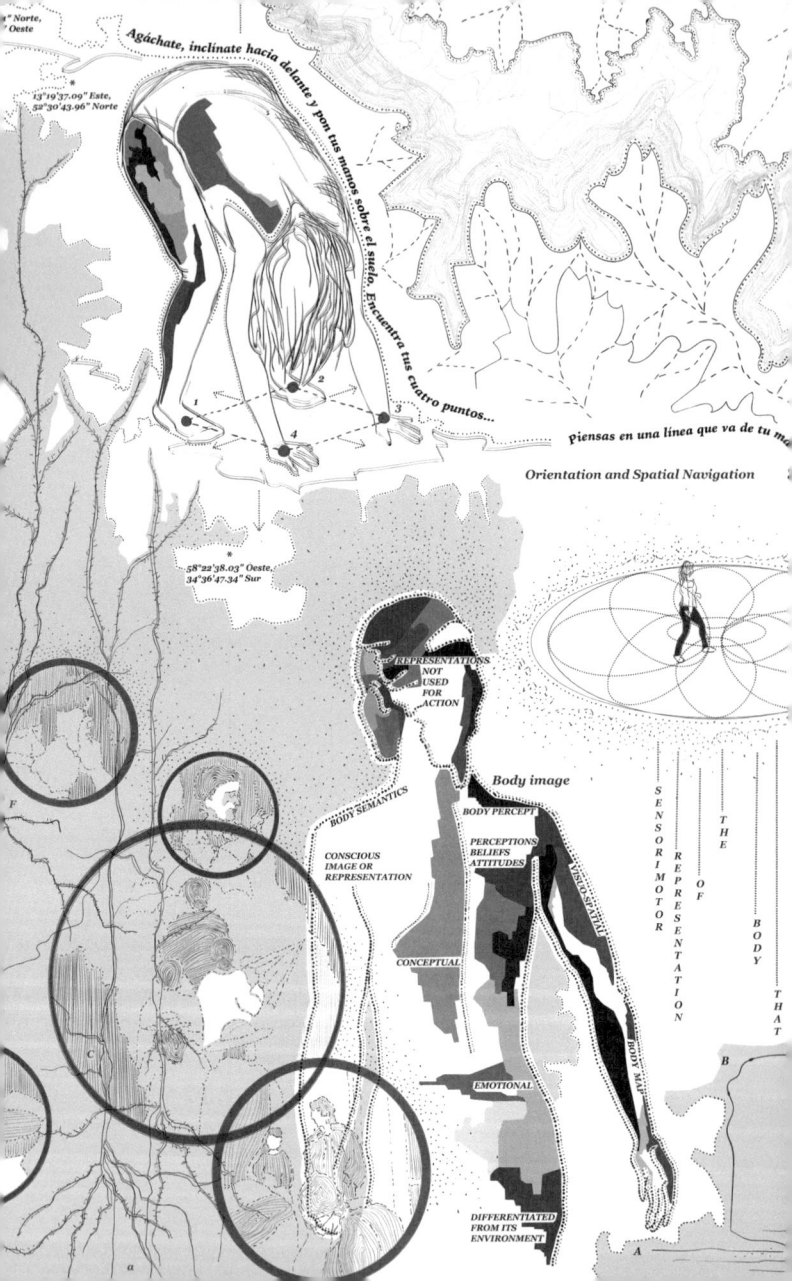

Agáchate, inclínate hacia delante y pon tus manos sobre el suelo. Encuentra tus cuatro puntos...

* Norte, Oeste

13°19'37.09" Este, 52°30'43.96" Norte

piensas en una línea que va de tu ma

58°22'38.03" Oeste, 34°36'47.34" Sur

Orientation and Spatial Navigation

REPRESENTATIONS NOT USED FOR ACTION

Body image

BODY SEMANTICS

BODY PERCEPT

PERCEPTIONS BELIEFS ATTITUDES

CONSCIOUS IMAGE OR REPRESENTATION

CONCEPTUAL

BODY MAP

EMOTIONAL

DIFFERENTIATED FROM ITS ENVIRONMENT

S E N S O R I M O T O R   R E P R E S E N T A T I O N   O F   T H E   B O D Y   T H A T

F

C

A

B

a

La actual neurociencia considera que dentro de nuestro sistema neuronal —conectadas con el hipocampo— se encuentran dos tipos particulares de células. Las *células de lugar* y las *células reticulares* o *de red*. Las *células de lugar* —descubiertas en 1971— son neuronas que tienen que ver con el mapa de la realidad física; su base es geográfica, contextual. Se activan cuando estamos posicionados en puntos concretos de un espacio conocido. En la oscuridad, una vez que hemos localizado una referencia, nos permiten movernos según ese mapa de lugar. Si las referencias cambian el mapa se actualiza. Si el espacio en el que nos movemos es desconocido estas células van cartografiando ese nuevo mapa a partir de nuevos puntos de referencia.

Por su parte las *células reticulares* —descubiertas en 2005 y aún en investigación sobre cómo funcionan en humanos— no nos ayudan a navegar espacialmente a partir de referencias del contexto, sino que simplemente ubican el cuerpo en el espacio con independencia de los detalles o puntos de referencia de un lugar. Lo hacen a través de *nuestros propios movimientos*; sirven para cualquier entorno. Estas células extienden en el espacio una retícula triangular que permite conocer la posición con respecto a cada uno de los puntos de intersección de esta malla. Podemos saber a qué distancia está algo de nosotros sin importar nuestra localización geográfica.

Ambos tipos de células, por tanto, hacen referencia al espacio que nos rodea (son geocentradas o alocéntricas) bien con base en puntos fijos que actúan como referencias, bien con base a una retícula que se extiende sea cual sea el lugar.

La perspectiva de la somática —en nuestro caso desde las premisas del método Feldenkrais— es por el contrario egocéntrica: el movimiento de nuestro cuerpo produce una cartografía cuyo origen de referencia se sitúa en nosotros mismos, tal y como también lo hacen nuestros sistemas de navegación asociados a los circuitos parietales y premotores.

Ambos sistemas, los egocéntricos y los geocentrados, trabajan conjuntamente en nuestra orientación.

Como decimos, los planos de referencia según los cuales nos orientamos en el espacio —desde el punto de vista somático— se mueven con nosotros y se extienden a partir de nosotros. El plano sagital será siempre el plano perpendicular a nuestro plano frontal. Situado en nuestro ombligo un plano sagital particular, el plano medio, nos divide en dos mitades, izquierda y derecha. Si nos tumbamos boca arriba, en el suelo, el plano medio será perpendicular a este. En esa misma posición, tumbados, el plano frontal será paralelo al suelo. El plano frontal nos divide en la mitad anterior y la posterior. Si volvemos a levantarnos estando de pie, el plano paralelo al suelo será en este caso el plano transversal. Podríamos decir que nos divide en la parte superior y la inferior.

Esta simplificación de las referencias base nos sirve para posicionar el mundo que nos rodea y entender las diferencias perceptivas en nuestra experiencia. Prueba a cerrar los ojos y a extender en el espacio estos planos; observa las cualidades del entorno en cada uno de estos sectores.

Y amplía el ámbito... algo así desarrollaba Buckminster Fuller en *Your Private Sky*: el centro de tu perspectiva está en ti, te puedes colocar en el centro de la Tierra como origen y desde ahí proyectar hacia fuera, *desde dentro hacia fuera*, tu horizonte de visión hacia el universo. Hacia ese cielo privado que es tal por tu posición. Así en su Geoscope (1928 —construido en 1952 en la universidad de Cornell—) se percibiría la relación real entre lugares geográficos en la Tierra y las estrellas a partir de un globo terráqueo —una cúpula geodésica— que contaba con una plataforma de observación en su centro y las masas continentales realizadas en material transparente permitiendo posicionarte en tu geografía concreta.

En esta perspectiva, en nuestra navegación, los puntos cardinales no son lugares sino direcciones a las que dirigirnos. Los navegantes no *van* al norte; se mueven *dirección* norte. Más aún, según Fuller en el universo no existe arriba y abajo, ni norte o sur, sino *dentro* y *fuera*, hacia el centro gravitacional —hacia dentro— y lejos del centro gravitacional —hacia fuera—.

Hay un punto de vista que es propio y que está inmerso en lo que nos rodea; no es exterior, no hay punto de vista externo al mapa. El mapa somos nosotros.

Efectivamente el *ego* y el *mundo* son inseparables perceptivamente desde el ámbito de la construcción de mapas en la psicología cognitiva de Ulrich Neisser. Toda percepción conlleva, al mismo tiempo, nuestra propia percepción —experiencia somática— y la del medio en el que estamos. Accedemos al mundo a través de nuestro movimiento y buscamos y detectamos información relevante para nuestro sistema sensorial a través de *mapas cognitivos.* Estos mapas no serían estructuras cerradas, sino dinámicas y no serían imágenes, sino estructuras de búsqueda y contraste de información que continuamente se reconfiguran de nuevo a sí mismas para ajustarse a los cambios y posibilidades del medio. Los mapas cognitivos los inserta Neisser dentro del que denomina «ciclo de la percepción». Para Neisser percibir es navegar, actuar en el medio. Así, navegamos a partir de estos esquemas base cognitivos y perceptivos que nos dirigen en el entorno, exploramos perceptivamente y con ese encuentro en el espacio actualizamos nuestro esquema base, nuestro mapa cognitivo, volviendo al punto inicial del ciclo. En la práctica, las fases se funden continuamente. Percibimos y actuamos a la vez. Anticipamos contextos y manipulamos mapas a la vez.

Nuestro punto de vista somático diría que cuando diseñamos un entorno podemos pensar que estamos también incidiendo en las propias estructuras cognitivas de los cuerpos con los que interactuamos. También que sería interesante conocer estos mecanismos de navegación e interacción ya que conformarían un cierto manual de instrucciones de nuestros modos de operar en el medio que diseñamos y que nos diseña.

Especialmente interesante a este respecto es la definición del «ser ecológico» (*ecological self*) que propone el mismo Ulrich Neisser dentro de los cinco tipos de «autoconocimiento» (*self-knnowledge*) que define. El ser se percibe con respecto a su entorno físico:

«soy la persona que está aquí, en este lugar específico involucrada en esta acción concreta». La naturaleza de nuestra propia interacción con el medio nos define.

Es precisamente en el texto que mencionábamos en la introducción, *Cognition and Reality*, donde Neisser se refiere a los mapas cognitivos en urbanismo mencionando a Kevin Lynch. Igualmente en el volumen que en el año 1973 desarrollan Roger M. Downs y David Stea sobre mapas cognitivos y el comportamiento espacial (*Image and Environment. Cognitive Mapping and spatial Behaviour*) aparece un capítulo firmado por Lynch acerca de la orientación geográfica y espacial. El estudio de los mapas cognitivos de Lynch incide principalmente en la forma visual que perciben los habitantes de Boston, Jersey City y Los Ángeles y se recoge en su libro *The Image of the City* (1960). Se basa en cuatro aspectos: legibilidad, elaboración de la imagen, estructura e identidad, e imaginabilidad. En estos mapas se detectan límites, nodos, sendas, discontinuidades, pero ninguna de estas categorías está en realidad en el medio, todas emergen de nuestras propias acciones en él.

En todo caso, efectivamente, la percepción visual nos brinda un modo de orientación primordial, pero no es la única. Nuestros *teleceptores* perciben estímulos a larga distancia y nos ayudan a orientarnos en el medio: el oído, el olfato y la vista nos orientan en la navegación territorial. La aproximación somática nos hace considerar que la referencia a los mapas cognitivos de Lynch, basados en la forma y percepción visual, deben ser ampliados a otros aspectos. No solo a otras modalidades sensoriales —como las kinestésicas— que ya cuentan con múltiples indagaciones, por ejemplo el texto de Juhani Pallasmaa *The Eyes of the Skin* (1996) o *Sense of the City. An Alternate Approach to Urbanism* editado en 2005 por Mirko Zardini, sino a otras concepciones ya que gran parte de nuestra navegación se basa de hecho en nuestra experiencia y es construida según nuestra historia; nuestra navegación es también afectiva, social y política.

A través de la navegación espacial el entorno se convierte en parte de nosotros. Las acciones crean *marcas, nodos* que no siempre responden a estímulos sensoriales externos y objetivos, sino que responden a nuestras propias acciones y experiencias.

A través del movimiento y las acciones que desarrollamos en el medio dotamos de un punto de vista personal al mundo que habitamos. El mundo que habitamos, el significado que le damos y cómo nos diseña es dependiente de nuestro navegar.

Numerosas marcas de nuestros mapas cognitivos están dadas por la acción que desarrollamos en un lugar —y con alguien determinado— y no en otro; así vamos convirtiendo determinados trayectos en familiares o determinadas áreas en referencias a encontrar o evitar. Estas serían áreas del entorno con tejido menos denso por decirlo de alguna manera, menos viscoso, en el que nos resulta más fácil avanzar como consecuencia de nuestra historia cotidiana personal. Esto que también se da en los animales, tal y como estudia J. von Uexküll denominándolo «familiar path», puede asociarse, bajo nuestro punto de vista, a lo que Tim Ingold denomina el «taskscape» (paisaje de tareas o acciones, 2000). Ingold entiende este paisaje de acción como aquel constituido por cualquier operación desarrollada por un agente en el medio como parte de su acción de habitarlo, de estar vivo. En este sentido la perspectiva somática nos hace encarnar nuestro navegar según múltiples relaciones que emergen de nuestra experiencia corporeizada donde acción, emoción, sensación y pensamiento van unidos.

El diseño de las condiciones pertinentes para el desarrollo de *taskscapes* diversos es parte del trabajo arquitectónico, estando asociado a lo que el medio *ofrece* (*affordances* —James G. Gibson, 1977—) y a la capacidad de actuar del organismo, su *agencia* (*agency*). El diseño se torna inmersivo y atmosférico.

La experiencia incluye los afectos y la configuración de atmósferas. La capacidad de afectar y ser afectados nos sitúa directamente ante las capacidades para percibir dichas afecciones —conciencia somática— y de generarlas —diseño atmosférico— incluyendo aspectos inmateriales como elementos de trabajo.

Y al diseñar —o leer— lugares haciendo estas consideraciones, en ocasiones aparecen mapas de las relaciones entre nuestro navegar y el medio.

Conocidas son las *psicogeografías* de la deriva situacionista donde se trataba de poner de relevancia los efectos del medio geográfico sobre el comportamiento o *The Manhattan Transcripts* de Bernard Tschumi (1981) donde estas relaciones se conjugan y se hacen independientes, creativas, en las múltiples configuraciones entre espacio, movimiento y evento. Ambas cartografías cuentan con dimensiones psicológicas del desplazarse en el entorno.

Encontramos también intentos de notaciones gráficas en las que incluir el tiempo, los lugares y los movimientos, intentos estos de vocación más universal y objetiva como las «Motation» de Lawrence Halprin o las «Envirotectures» de Philip Thiel quien realiza un estudio pormenorizado de aspectos culturales, psicológicos y de anatomía del espacio con el fin de decantar un sistema de notación que pudiera trabajar con este flujo de interrelaciones. Ambas herramientas son para diseñar, generalmente participativas, y se relacionan a través del movimiento con aspectos de psicología ambiental, sociología o antropología. Proponen además en muchos casos su uso antes, durante y después de la ejecución del diseño, en distintos ciclos o etapas. Se trata de cartografías vivas, con distintos grados de apertura. Entornos y movimientos se coreografían y se indagan en interrelación... si bien su universalización, más allá de en el grafismo, no es posible bajo nuestro punto de vista.

No es posible porque nos referimos al «espacio vivencial» (Friedrich Bollnow, 1963) en contraposición a un «espacio objetivo o matemático» que se puede analizar universalmente. El vivencial está marcado por nuestra experiencia y perspectiva desde el interior, nuestro paisaje interno, nuestra conciencia somática; y nuestras acciones en el medio también.

Y ¿cómo influye esta conciencia somática en nuestra navegación espacial? Resulta que, además, nuestros movimientos están condicionados por la imagen que tenemos de nosotros mismos.

Sería extenso referirse aquí a las múltiples representaciones y mapas con los que trabaja nuestro sistema nervioso, pero sí nos gustaría referirnos a dos de ellas por enlazar de forma clara nuestra *autoimagen* corporal y nuestro navegar espacial. Nos referimos a la *imagen corporal* y al *esquema corporal* —*body ima*ge y *body schema*— según redefine y aclara Shaun Gallagher en 2005.

Es este último, el *esquema corporal*, el que guía nuestras acciones. Se trata de una representación sensorial-motora de nosotros mismos, no consciente y según la cual podemos navegar. Pero está continuamente retroalimentada por la representación consciente, la *imagen corporal* que aglutina todas otras aquellas representaciones de nosotros mismos no usadas para la acción, englobando igualmente consideraciones conceptuales o políticas. A través de las técnicas somáticas y el desarrollo de la propiocepción, trabajamos con la *imagen corporal*, la afinamos, y esta afecta al *esquema corporal* afectando, a su vez, a las cualidades de la acción en el medio, afectando a nuestro navegar en el espacio y a lo que nos sentimos capacitados o autorizados a hacer.

En este sentido, tal y como decíamos en la introducción, el tomar conciencia de nuestra *imagen corporal* con sus aspectos múltiples —como seres sociales, con la perspectiva de género, con todas aquellas interrelaciones de poder o micropoder, con sus áreas visibles e invisibles acordes a las múltiples culturas, con los diversos imaginarios e historias del cuerpo al fin y al cabo— nos hace reconocer acciones de navegación alternativas y periféricas; menos jerárquicas, más capaces de generar transformaciones. Una vez reconocidos nuestros cuerpos en transformación a través de la continua atención a las diferencias, a través de la práctica somática, también podemos reconocer navegaciones e interacciones no habituales y diversas. Lo diferente adquiere valor bajo esta perspectiva.

Igualmente las posibilidades de nuestro movimiento, conociendo sus orígenes y reconociéndolo como base de nuestra inserción en el mundo que habitamos, nos empujan a detectar áreas menos *viscosas* de impunidad para la navegación, a detectar nuestras capacidades nómadas. El valor del caminar, por ejemplo, está intensamente presente en la aproximación somática del método Feldenkrais. Toda nuestra estructura está dispuesta para el movimiento.

Práctica

La práctica se desarrolla a través de la Plataforma de Somática aplicada a la Arquitectura y el Paisaje (PSAAP). Se indican a continuación Proyectos y Lecciones Somáticas de ATM de referencia. Las lecciones de ATM deben realizarse con la supervisión de profesores acreditados en el Método Feldenkrais.

Proyectos

Ver equipo completo de colaboradores y más datos en www.psaap.com:

- «Heliovía verde», 2003. Autoras: Mª Auxiliadora Gálvez e Izabela Wieczorek. Navegación táctil y atmosférica.
- «Ecología Cívica», 2012. Equipo coordinado por Mª Auxiliadora Gálvez. Navegación como investigación.
- «Heliografías para Cuerpos de Sangre Fría y Caliente», 2015. Autores: Mª Auxiliadora Gálvez y Edgardo Mercado. Navegación espacial visual y kinestésica.

ATMs

- «Four Points» AH80
- «Corkscrew turning to sitting» AY#181
- «Rolling like a baby» PL

Sistemas vivos

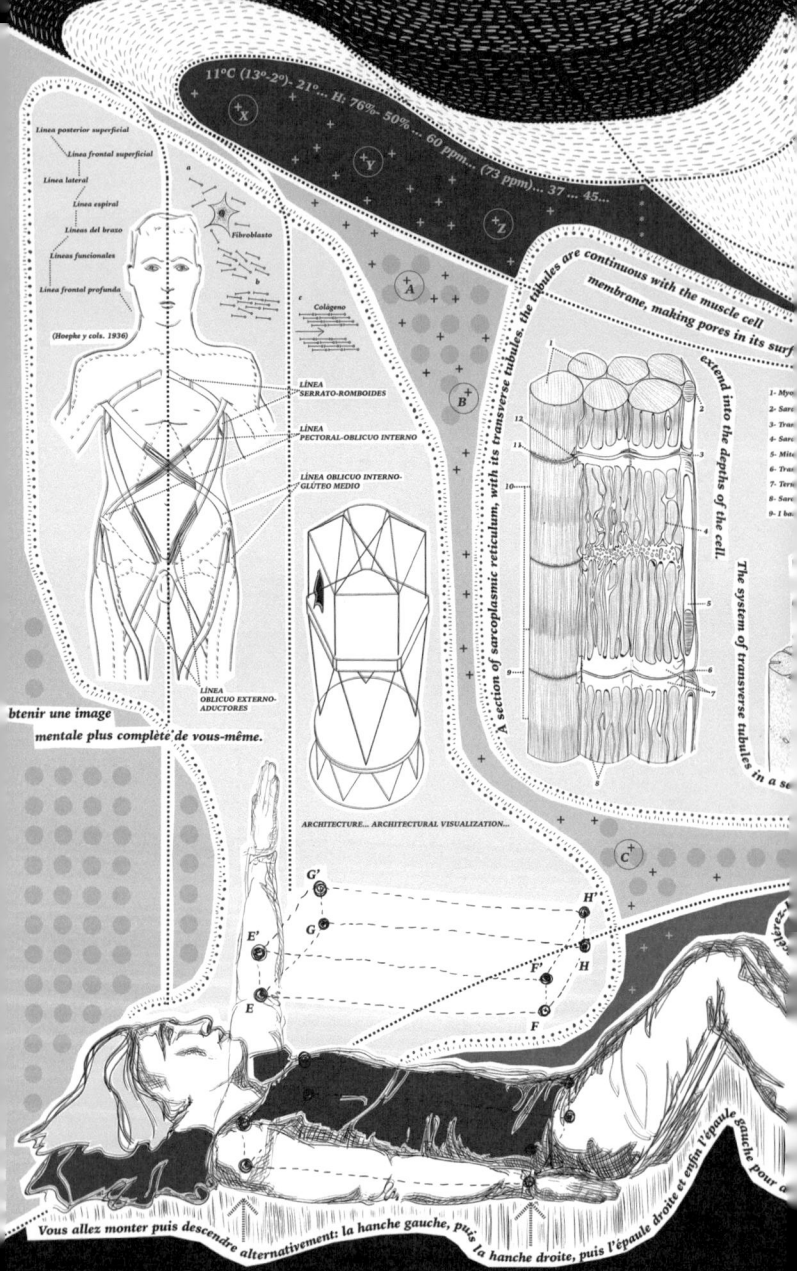

Somos un organismo vivo y la multitud de sistemas que nos componen están interrelacionados. Como seres vivos estamos en continuo cambio y, como acabamos de ver, en movimiento. Sufrimos desarrollos, crisis, recuperaciones; nacemos y morimos. Y todo ello ocurre en estrecha relación con los entornos que nos rodean, sean estos diseñados o naturales. Diríamos, aún más, nosotros y nuestros entornos estamos en continuo acoplamiento, nos construimos o destruimos, nos co-constituimos, evolucionamos o transformamos a la vez, nos diseñamos mutuamente. La historia de nuestros entornos es también nuestra propia historia. La de todos los seres en esta amalgama multiespecies.

A partir de nuestro enfoque somático lo que acontece es atender a «cómo hacemos lo que hacemos» como seres vivos. Si cogemos como modelo para explicar esto el texto paradigmático de los biólogos Humberto Maturana y Francisco Varela: *El árbol del conocimiento. Las bases biológicas del entendimiento humano* (1984) diremos que «conocer es hacer» y que «percepción, operar del sistema nervioso, organización del ser vivo y conocimiento autoconsciente conforman una unidad operacional e indisoluble». El conocer, por tanto, para ellos, no se estudia desde fuera a partir de aspectos objetivos, sino que estudian al ser vivo desde el propio operar del ser vivo y como seres vivos.

Poniendo un ejemplo claro de esto, y de acuerdo con la atención dirigida que acontece en una clase del método Feldenkrais, se trata de entender cómo es nuestra autoorganización al ejecutar determinadas acciones. Para ello se suele poner el foco principalmente en el esqueleto, al ser este sistema más sencillo en componentes, y se observa la transición entre patrones de movimiento y cómo estos generan cambios de peso, mayor o menor esfuerzo muscular, cadenas de transmisión de las fuerzas, articulaciones con diversos grados de libertad y movimientos capaces entre las *piezas*.

Así, a escala corporal, podemos prestar atención y percibir aquello que nos compone y algunas de las relaciones entre las partes. Desde el punto de vista arquitectónico el sistema músculo-esquelético con su funcionamiento biomecánico y la estructura ósea puede enseñarnos a adquirir conocimientos básicos de estructuras tan solo prestando atención a este «cómo hacemos lo que hacemos». Monitorizaciones al respecto han sido llevadas a cabo desde el año 2016 hasta la actualidad en el Laboratorio de Somática aplicada a la Arquitectura y el Paisaje (LSAAP), dirigido por la autora mostrando que la enseñanza académica convencional, lejos de lo corporeizado, puede complementarse integrando los conocimientos a través de nuestra propia experiencia en la búsqueda de un aprendizaje más relacional y orgánico.

Observando un esqueleto vemos que los huesos, configuran sus formas tendiendo a la espiral para obtener mayor resistencia; además cuentan con numerosas estrategias para organizar su material de forma que puedan resistir la mayor carga posible manteniendo su ligereza: esto es especialmente visible en los huesos largos como el fémur, en los que en ambos extremos (epífisis) muestran estructuras alveoladas donde las fibras están dispuestas en trabéculas siguiendo las líneas de transmisión de fuerza y en su parte central (diáfisis) el material se articula de forma compacta pero formando un tubo hueco de mayor resistencia a flexión. Al trabajar patrones de movimiento lo más eficaces posibles, organizamos nuestro sistema nervioso para reducir el esfuerzo muscular, o dicho de otra manera, hacer que la mayor parte de la fuerza viaje dentro de la masa ósea, haciendo que el esqueleto se configure como una estructura que trabaja por forma.

La fascinación por el tejido óseo no es nueva en arquitectura o ingeniería. Conocidas son las referencias a los estudios de D'Arcy W. Thomson, sobre el crecimiento y la forma (*On Growth and Form,* 1917) o los de Robert Le Ricolais que basa gran parte de sus hallazgos en el estudio de sistemas vivos. Pero las recientes visiones de la anatomía reabren nuevas vías de interés en el estudio de nuestro organismo en aspectos estructurales y materiales.

Nos referimos al entendimiento menos mecanicista y más sistémico de la anatomía, que emerge en los últimos años generalmente asociado al tejido de la fascia —tejido conjuntivo— que se relaciona entre otras con las estructuras en tensegridad —de nuevo encontramos aquí la referencia a Buckminster Fuller—.

Diversos autores argumentan que nuestra anatomía clásica emerge de la disección y separación en partes que se hacía para estudiarla pero que, en realidad, ni los tejidos se encuentran en el mismo estado cuando están vivos, ni se pueden separar sus funciones mecánicamente, ni los comienzos y finales de las partes —orígenes e inserciones de los músculos por ejemplo— están claramente determinados. Todo apunta según su visión a que las distintas unidades se afectan a nivel sistémico y tienen mayor continuidad tisular de la que hasta ahora se reconocía: según estas consideraciones, hueso, músculo y fascia son solo distintas variaciones de un *material* único; la diferencia sería el grado de densidad. Las experimentaciones de laboratorio de los *materiales* corporales que se hacen en la actualidad —en las modernas salas de disección— serían objeto de deseo de cualquier laboratorio de materiales arquitectónico.

Por otra parte Thomas W. Myers introduce el concepto de «vías anatómicas» (2001), refiriéndose a los meridianos miofasciales, como un sistema integral de tensiones, una red miofascial, que conforma el tejido muscular (mio-) y su red inseparable de tejido conjuntivo (fascia); él lo define como «nuestro órgano de la forma». Sus estudios tienen algunos antecedentes en la década de los años treinta del siglo XX, así como en técnicas como el *rolfing* y su «integración estructural», pero no es hasta décadas recientes que las continuidades miofasciales han sido descritas en profundidad. Este autor junto a otros prominentes estudiosos como Robert Schleip

(*Fascia: The Tensional Network of the Human Body*, 2012), configura el comportamiento de la fascia y algunos tejidos celulares precisamente como estructuras en tensegridad. Así, los huesos serían elementos comprimidos principalmente, aunque a veces también puedan soportar tensiones, y las membranas miofasciales serían los elementos en tensión continua la mayor parte de las ocasiones ya que también hay alguna excepción. En palabras de Myers, «los huesos se consideran 'espaciadores' que empujan hacia fuera, hacia las partes blandas, y el tono de la miofascia tensil se convierte en el elemento determinante del equilibrio de la estructura. Los componentes comprimidos evitan que la estructura se desmorone; los componentes traccionados mantienen la relación entre los elementos comprimidos de diversas formas». Así, el tono de tensión de la red miofascial es determinante en el equilibrio de nuestra estructura humana. De las vías anatómicas descritas por Myers, doce en su totalidad, gran parte de ellas ya han sido validadas a través de estudios clínicos y científicos pero, al margen de este estado de la cuestión, lo que nos aportan estos autores es una visión de la anatomía —y del organismo— mucho más compleja e interrelacionada: sistémica. Esto en su interacción con el sistema nervioso es lo que la aproximación somática puede aportarnos igualmente a arquitectos y paisajistas a la hora de interactuar en el medio y con y para los sistemas vivos.

Por otra parte merece mención especial, siguiendo nuestro interés, la fascia como tejido reactivo del que múltiples nuevos materiales podrían aprender —la fascia aparece en los últimos años decididamente como uno de los órganos sensoriales más ricos de los que disponemos; está considerado el mayor órgano sensorial relativo a la percepción corporal contando con una densidad estimada de alrededor de cien millones de receptores sensoriales (Martin Grunwald, 2016)—.

Si bien muchas de estas hipótesis están en pleno proceso de debate y confirmación científica, no dejan de ser un terreno innovador y revolucionario de estudio: ir hacia dentro de la propia configuración del cuerpo para hacer descubrimientos sobre nuevos materiales y estructuras aún hoy, en el siglo XXI... y poder extrapolar lo aprendido en nuestro sistema a otros distintos.

El estudio de nuestro organismo vivo igualmente en el ámbito de la fisiología nos puede aportar visiones interesantes para acercamientos a la termodinámica, objeto también de nuestro diseño. La multitud de sensores especializados que, por ejemplo, tenemos en la piel referidos al calor, el frío, la presión, el tacto... ya serían una increíble agenda de diseño arquitectónico a desarrollar.

En todo caso el interés por el mundo natural, biológico, configura una de las líneas más sólidas y en desarrollo en la historia del último siglo y el presente de la arquitectura y el paisaje. La novedad aquí sería producir esta correlación entre sistemas vivos y diseño a partir de la propia experiencia, de nuestros propios sistemas corporales, pero el filón centrado en la biología hunde sus raíces en el propio movimiento moderno tal y como destacan autores como Oliver A.I. Botar e Isabel Wünsche. Estos orígenes de líneas actuales de interés basadas por ejemplo en la biomímesis, la biotécnica o la biónica, se remontan a las corrientes biocentristas de finales del XIX y principios del siglo xx como estos autores bien definen en su texto *Biocentrism and Modernism* (2011).

Numerosas líneas de pensamiento coinciden en esta época en reaccionar contra el positivismo de la tecnología y la industrialización, la excesiva artificialidad y mecanicismo reinantes que causaban numerosas afecciones en el equilibrio y armonía vitales y por tanto desde posiciones prácticas —como por ejemplo las experiencias desarrolladas en Monte Veritá, en Ascona, Suiza (desde 1900)— como desde posiciones teóricas, científicas y filosóficas —vitalismo, monismo, organicismo u holismo por citar algunas— se propugna una mirada a los sistemas naturales y sus leyes para su aplicación a otros ámbitos con el fin de recuperar el citado equilibrio en el medioambiente, las comunidades y los cuerpos, lo que posteriormente y hasta la actualidad encontrará énfasis en los contemporáneos movimientos ecologistas y medioambientales que especialmente desde los años cincuenta y sesenta se han ido desarrollando. Si bien el término *ecología* (*oecologie*) lo acuña Ernst Haeckel, en 1866, y el de *medioambiente* (*umwelt*), como ya decíamos en la introducción, Jakob von Uexküll, en 1909.

Nos interesa destacar aquí al naturalista y filósofo Ernst Haeckel, principal representante de las corrientes monistas, por ser una de las influencias más presentes en autores como Raoul H. Francé.

Haeckel publica en 1899 *The Riddle of the World* donde veía a la naturaleza como una única sustancia universal, concebía el universo conformado por materia animada y, en ese sentido, la materia orgánica pero también la inorgánica compartían origen. Haeckel hace influyentes estudios sobre las estructuras de los radiolarios (década de 1860) y también sobre los biocristales y se suma a Otto Lehman en el estudio de los cristales líquidos (1872). Esto hacía hincapié en las relaciones de la biología con la materia mineral ya que estos cristales tenían estructuras y comportamientos similares a los de la materia orgánica.

También fueron influyentes sobre autores como Lewis Mumford las aplicaciones que a partir de las teorías de la evolución de Charles Darwin —o los principios de la «ayuda mutua» de Peter Kropotkin (*Mutual Aid: a factor of Evolution*, 1902)— realizaban en el campo del urbanismo pensadores y diseñadores como el biólogo Patrick Geddes (*Cities in Evolution*, 1915). Es decir, fueron numerosas las extrapolaciones entre los sistemas naturales y las producciones y lecturas de la realidad.

Pero, siguiendo con el foco de estudio en los sistemas vivos, es especialmente interesante Raoul H. Francé, quien desarrolla una extensa bibliografía científica y divulgativa sobre la vida de las plantas, donde plantas y humanos *comparten* comportamientos. Igualmente las monitoriza como inventoras (*The Technical Achievements of Plants*, 1919 o *The Plant as an Inventor*, 1920) y genera una serie numerosa de patentes basadas en esta observación de los sistemas vivos vegetales. Estas ideas influirán en numerosos arquitectos reconocidos del momento como Mies van der Rohe o El Lissitzky considerando que tanto las técnicas vegetales como las humanas, formaban parte de la misma complejidad de las estrategias naturales. Una aproximación contemporánea que encuentra claramente referencia en el linaje de Raoul Francé serían los estudios de Stefano Mancuso en textos como *El futuro es vegetal* (2017).

Pero el trabajo de Francé también generó influencias sobre visiones menos generalizadas que mostraban la arquitectura como agente reactivo, como membrana de interacción con el medio tal y como se comportan las células o las redes neuronales. Nos referimos, por ejemplo, al caso de Siegfried Ebeling, quien en 1926 escribe y diseña *Space as Membrane* donde, frente a la arquitectura predominante en el momento, se propone una arquitectura a modo de interfaz material que responde a ondas eléctricas, meteorología, energía o condiciones lumínicas. En el interior de este cubo, —su obra «Living cube»— configurado como una membrana de interacción dinámica, estarían los cuerpos en continuo intercambio con el medio y en ese intercambio la arquitectura no es más que una transición más, una capa extra de piel que favorece y protege o expone. Aquí la influencia monista de la materia como única sustancia sea esta orgánica o inorgánica aparece como agente de diseño y la referencia del sistema vivo se incorpora a la construcción.

Si Raoul Francé es la influencia por parte de los sistemas vivos del mundo vegetal en esta arquitectura, otra influencia sobre Ebeling es la de *Geopsique. El alma humana bajo el influjo del tiempo, el clima, el suelo y el paisaje* (*Geopsychische Erscheinungen*, 1923) donde se especifica cómo el ambiente nos construye y cómo la construcción que hacemos del mismo nos influye. Nuestro cuerpo es un fragmento de naturaleza por lo que somos afectados en nuestras conductas y percepciones por la atmósfera. El texto constituye una referencia a concepciones atmosféricas y fisiológicas del paisaje como agente que interactúa con nuestros cuerpos. Un claro antecedente de la sensibilidad somática y de los acercamientos al paisaje desde la percepción y los afectos que, entre otros, Gernot Böhme desarrolla en la actualidad. La atmósfera y las sensibilidades entre los ambientes y nosotros son compartidas.

Pero volviendo a lo que la somática nos puede aportar, nos quedaría añadir, en primer lugar, que una de las cuestiones fundamentales en lo referente a los sistemas vivos es la lectura de las acciones según patrones de movimiento. La organización de la forma estaría así dirigida por el movimiento y este se puede *diseccionar* y estudiar; Y, en segundo lugar, que es interesante acceder al entendimiento como sistema de nuestra organización, pero también del sistema extendido conformado por el sistema nervioso, el musculo-esquelético y el medioambiente. La neuroplasticidad y los ciclos de vida son determinantes.

Con respecto a la primera cuestión podemos hablar por ejemplo de los movimientos pulsátiles que conservamos en nuestro repertorio de forma común a otros organismos no humanos. El desarrollo del movimiento ontogenético —de nuestra propia especie desde que nacemos— y filogenético —desarrollo a lo largo de la evolución de las distintas especies— está también en la base de las sesiones del método Feldenkrais de educación somática, siendo ejemplos paradigmáticos las lecciones referidas a los movimientos primitivos de piernas o brazos (ontogenia) o a la *bell hand* o mano campana si hablamos de filogenia —la mano campana hace un movimiento similar al de una medusa al moverse por el agua—.

Pero también podemos hablar a este respecto de morfogénesis, tanto en el campo del paisaje como de la arquitectura. ¿Cómo es la generación de lo nuevo, la generación de la forma? En esta aproximación como decimos sería el movimiento el principal agente morfo-generador.

Especialmente interesante a este respecto es el texto *Das Sensible Caos* (*El caos sensible*, 1962) del ingeniero Theodor Schwenk. En este estudio, la observación del movimiento aparece como la herramienta principal para entender lo viviente. Schwenk observa el movimiento del agua en el planeta y sus construcciones formales paisajísticas a partir de sus leyes físicas del movimiento. Pero este gigantesco sistema circulatorio del planeta también lo relaciona con el sistema circulatorio de nuestros cuerpos; y la morfogénesis planetaria a partir del movimiento de los fluidos, con la morfogénesis de nuestros órganos y tejidos humanos explicados según movimientos que alcanzan un estado de reposo cuando la forma está configurada. En todo caso, el movimiento seguirá modificando estos tejidos, tal y como ocurre por ejemplo en el tejido óseo o el tejido de la fascia que hemos descrito anteriormente, que variarán en la porosidad, la forma y la organización de sus trabéculas o la orientación de sus fibras según los hábitos del cuerpo sometido a estudio.

La morfogénesis incorpora el movimiento y el tiempo como parámetros de diseño y esto es algo determinante en el desarrollo de arquitecturas y paisajes en el presente siglo. En los cuerpos las acciones se definen para luego desaparecer a lo largo de la secuencia, pero ese movimiento dejará sus huellas en los tejidos y configuraciones anatómicas a lo largo del tiempo. La morfogénesis nos ayuda a entender el rol del movimiento en los procesos de nacimiento, crecimiento y decaimiento. En nuestras arquitecturas y paisajes, los procesos y los sistemas que arman pasan a ser determinantes; de esta forma los proyectos crean matrices de múltiples posibilidades solo definidas al *performarse* mediante la acción siguiendo las interrelaciones a lo largo de las diferentes secuencias temporales. Así, tal y como ya especificaba Sanford Kwinter en *Architectures of Time* (2001), lo nuevo puede emerger sin depender de un catálogo predeterminado de posibilidades... los distintos movimientos engendrarán formalizaciones imprevistas con evoluciones solo a descubrir en el mismo momento de su realización.

Y esto nos lleva a la segunda consideración que hacíamos. Nada permanece estático. Nuestro sistema está en continuo aprendizaje. La neuroplasticidad está presente mientras el organismo sigue con vida. Nos muestra que el aprendizaje es continuo y que los procesos de construcción y destrucción que ocurren a nivel celular nos obligan a pensar en ciclos interminables de transformación, evolución, adaptabilidad o colapso. Estamos en continuo reajuste con el medio. Realizar acciones no habituales e imaginar escenarios alternativos expande nuestro rango de posibilidades de interacción. Dejar de actuar y, por supuesto, de imaginar, —como veremos acción e imaginación están más asociadas de lo que pueda parecer— nos hace perder posibilidades, nos inhabilita parcial o totalmente.

La conciencia de los ciclos vitales aporta igualmente actitudes valiosas especialmente a nivel ecológico. Pensar solo en un crecimiento ilimitado únicamente puede provocar el colapso, nada es ilimitado, y no estaremos aquí siempre para amasar nuestras riquezas. En cambio líneas de pensamiento, como las desarrolladas por Ernst Friedrich Schumacher en *Small is Beautiful* (*Lo Pequeño es Hermoso*), 1973, o agendas de trabajo como las de Michael Braungart y William McDonough en *Cradle to Cradle* (*De la cuna a la cuna*), 2002, en las que los residuos pasan a ser de nuevo materias primas, nos acercan más a entender el hecho vital y a sostenerlo.

Por último, la introducción de la reorganización o la destrucción en los propios procesos de creación, la reversibilidad y la consideración de la huella de nuestras acciones de diseño o de nuestras organizaciones sociales y conflictos nos hacen internarnos más intensamente en las cualidades de lo vital. Arata Isozaki, en textos como *Space of Darkness* (1964) o especialmente en *City Demolition Industry, Inc.* (1962) y en proyectos como «Electric Labyrinth» (1968) o «Incubation Process» (1962), incluye las pesadillas como presentes en nuestros sueños o la destrucción de estructuras urbanas que matan silenciosamente como agentes principales de diseño. La muerte adquiere presencia y le da sentido a lo vivo.

Los cuerpos nacen y mueren, los entornos también, pero si la sinergia es la adecuada nuestros entornos nos sobrevivirán por generaciones. Si bien ahora mismo esta sinergia está claramente en déficit, la aproximación somática de interacción con nuestros entornos, de nuestro acoplamiento con el medio, nos invita a no dejar de actuar al respecto.

La aproximación somática fomenta una conciencia ecológica desde el entendimiento de lo vivo, sus modos de operar y sus temporalidades.

Práctica

La práctica se desarrolla a través de la Plataforma de Somática aplicada a la Arquitectura y el Paisaje (PSAAP). Se indican a continuación Proyectos y Lecciones Somáticas de ATM de referencia. Las lecciones de ATM deben realizarse con la supervisión de profesores acreditados en el Método Feldenkrais.

Proyectos

Ver equipo completo de colaboradores y más datos en www.psaap.com:

- «Taichung. City cultural Center», 2013. Autores: Iñaki Ábalos, Mª Auxiliadora Gálvez, Renata Sentkiewicz e Izabela Wieczorek. Medio termodinámico y atmosférico para agentes humanos y no humanos.
- «School Palace», 2015. Autora: Mª Auxiliadora Gálvez. Biodiversidad y aprendizaje del medio.
- «Aquaculture Regenerative Machine: a choreography for tides, moon and organisms», 2015-16 Autores: Mª Auxiliadora Gálvez y Edgardo Mercado. Instrumento basado en los ritmos vitales de los organismos de la Laguna de Venecia y su conexión con las mareas, el cosmos y el entorno humano.

ATMs

- «Lengthening the right Side- Look Inside» AH81
- «Measuring body distances and lengths of parts by thought and perception» ES#30
- «Reaching like a skeleton» PL

Antropología sensorial

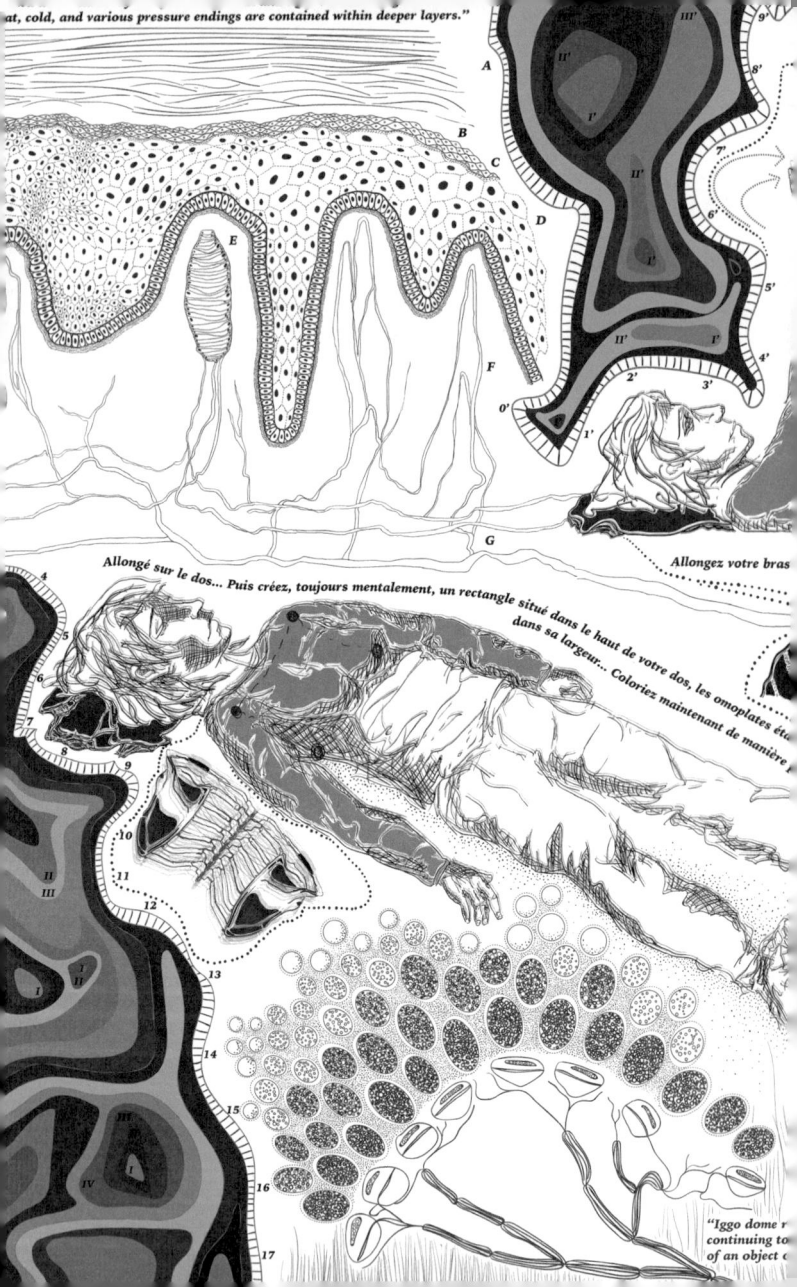

at, cold, and various pressure endings are contained within deeper layers."

A B C D E F G

III' III' 9'
II' I' 8'
7'
6
5'
4'
II' 2'
0' 1' 3'

Allongez votre bras

Allongé sur le dos... Puis créez, toujours mentalement, un rectangle situé dans le haut de votre dos, les omoplates étant dans sa largeur... Coloriez maintenant de manière

4
5
6
7
8
9
10
11
12
13
14
15
16
17

II
III
II
III
i
III
i
IV

"Iggo dome r
continuing to
of an object

La percepción es en todo esto un aspecto clave. Es a través de ella que accedemos al mundo y el mundo al que accedemos es justamente el que tenemos disponible de acuerdo con nuestro aparato sensorial. Cada organismo tiene así su universo particular no solo por tener condiciones biológicas diferentes, sino que además existen importantes diferencias culturales en los universos sensoriales y dentro de estas especificidades aún encontramos distinciones en cada persona, originalidades personales e intransferibles.

Es por eso que introducimos en el título de este apartado el término antropología, porque más allá de los condicionantes biológicos de la percepción están estas variaciones culturales y personales, particulares, a las que la aproximación somática —claramente idiográfica— quiere atender por naturaleza. La somática adquiere un punto de vista perceptivo personal desde el interior. En este aspecto, no solo accedemos a través de la percepción a un *mundo exterior* sino también a un *mundo interno*, un mundo en primera persona.

Esta noción de mundos perceptivos «aislados» es de Jakob von Uexkül. En su célebre *A Foray into the Worlds of Animals and Humans* (1934) precisamente describe hipotéticos paseos por mundos perceptivos *invisibles* para nosotros, debido a la correlación entre nuestros aparatos sensoriales y el mundo al que acceden. Cada organismo tendría acceso así a un universo incompleto pero en total interrelación con lo que él necesita. Las diversas ayudas tecnológicas modifican en cierto modo el mundo al que tenemos acceso: telescopios o microscopios configuran un buen ejemplo.

En todo caso, nuestro mundo lo construimos desde nuestra perspectiva pero con otros. Nombrando de nuevo a Maturana y Varela (1984) diríamos que «[...] de nuestra herencia biológica común surge que tengamos los fundamentos de un mundo común y no nos extrañamos de que para todos los humanos el cielo sea azul y el sol salga cada mañana» pero «de nuestras herencias lingüísticas diferentes surgen todas las diferencias de mundos culturales que [...] podemos vivir y que, dentro de los límites biológicos, pueden ser tan diversos como se quiera». Efectivamente el lenguaje está asociado a la antropología sensorial; el nombre que le damos a nuestras percepciones construye universos o los deja en estado invisible. La atención y cómo la dirigimos hace lo mismo —esta idea es genuinamente somática—.

Si bien numerosos autores estudian estas cuestiones y relaciones entre las culturas, sus percepciones y los lenguajes que las hacen visibles, nos parece especialmente interesante la obra de David Le Breton (*Anthropologie du corps et modernité*, 1990; *Anthropologie de la douleur*, 1995 o *La saveur du monde. Une anthropologie des sens*, 2006) ya que su antropología de lo sensorial nace directamente de su antropología de los cuerpos. Así Le Breton analiza en alguna de sus aproximaciones (2006) los significados de los mundos sensoriales en distintas culturas en cuanto a los cinco sentidos clásicos, pero también indaga con relación a otras esferas sensoriales —como la del dolor— cosa que es fundamental bajo nuestro punto de vista somático.

Efectivamente si asumimos nuestra aproximación somática, lo primero que debemos hacer es cuestionar —cosa que por otra parte no es ninguna novedad— esta clasificación de lo sensorial en cinco sentidos. La somática como disciplina nos introduce a través de la atención y la experiencia en esa mayor complejidad en lo que se refiere a esta clasificación. Para empezar nos sumerge de lleno en la propriocepción, la interocepción o en aspectos relativos al sentido kinestésico.

En todo caso, debemos recalcar que estas clasificaciones no responden a cómo en nuestro encuentro con el medio todos nuestros sentidos se interrelacionan e informan unos a otros, promoviendo el mundo multisensorial integrado que conocemos; bajo ese punto de vista digamos que la clasificación es tan solo una herramienta. Lo que sí ocurre es que cada sentido o sistema perceptivo en las clasificaciones cuenta con *sensores* o especificidades que nos hacen ubicarlos según determinadas familias.

Tomaremos como base la clasificación de los sistemas perceptivos desarrollada por James J. Gibson en 1968. En ella distingue el sentido básico de *orientación y equilibrio*, con base en el sistema vestibular; el *sistema auditivo*; el *sistema háptico* que incluye la piel y el tacto pero también algunos aspectos kinestésicos y proprioceptivos acerca de la posición de nuestros miembros en el espacio; el *sistema gusto-olfativo* y el sistema de la percepción *visual*. Se trata de cinco sistemas pero su contenido difiere de la aproximación clásica.

En nuestro estudio ajustaremos un poco esta clasificación, determinando el sistema *somatosensorial* como aquel que aglutinaría el sistema vestibular referido al equilibrio y el sistema háptico de Gibson, e incorporaríamos aspectos relativos a la denominada *interocepción*, cuya ruta en el sistema nervioso se distingue de la somatosensorial por lo que la consideraremos como un sistema aparte. Nos quedaremos por tanto de nuevo con cinco organizados en los siguientes grupos: sistema somatosensorial, sistema auditivo, gusto-olfativo, visual e interoceptivo.

El sistema somatosensorial incluye la percepción táctil, pero también la percepción térmica, la del picor o el dolor. Incluye igualmente la propiocepción, especialmente interesante para nosotros y el equilibrio a través del sistema vestibular. La propiocepción nos brinda la percepción de la posición corporal en el espacio y de cada miembro con relación a otras partes de nosotros. Siguiendo la definición gibsoniana diríamos que la propiocepción integra las distintas modalidades sensoriales que se refieren al propio cuerpo como agente que actúa en el medio, considerando postura y movimiento.

En cuanto a la interocepción, se ocuparía de otras percepciones internas, fisiológicas, que no se refieren a la posición ni al movimiento. Cuando trabajamos con la interocepción atendemos a la atmósfera interna, fisiológica, pero también, en cierto modo, afectiva. La ya mencionada fascia cuenta con numerosos receptores propioceptivos e interoceptivos.

Diversas aproximaciones disciplinares a los sentidos nos sumergen en ámbitos útiles para la arquitectura y el paisaje. La psicología de la percepción junto a la neurociencia nos introducen en aspectos funcionales pero también relativos a los efectos o ilusiones sensoriales. Resulta paradigmático a este respecto *Eye and Brain. The Psychology of Seeing* (1966) de Richard L. Gregory; la geografía nos pone al alcance relacionar la percepción con el sentido de lugar y cómo los contextos inciden en cómo le damos significado a nuestras experiencias perceptivas. Yi-Fu Tuan desarrolla estas ideas en *Space and Place. The Perspective of Experience* (1977) y *Sensous Geographies. Body, Sense and Place* (1994), de Paul Rodaway, hace indagaciones pormenorizadas al respecto de las geografías de cada modalidad sensorial.

Por otra parte los estudios culturales o artísticos igualmente nos ofrecen el acceso a lo sensorial desde concepciones más poéticas. Cabe destacar a este respecto *A Musicology for Landscape* (2017), de David N. Buck, o medioambientales como *The Soundscape. Our Sonic Environment and the Tuning of the World* (1977), de Murray Schafer. Y por supuesto la antropología ya mencionada nos aporta las diferencias sensoriales culturales que nos harían diseñar bajo ópticas distintas según el ámbito geográfico como por ejemplo queda patente en *Touching: The Human Significance of the Skin* (1971), de Ashley Montagu.

En nuestra aproximación somática, diríamos que en la propiocepción está el foco principal y nos aporta este punto de vista en primera persona que nos ubica como individuos originales y preciados, nos ubica en contacto con lo vivo, con el cambio, la transformación y el movimiento, apareciendo este último como vehículo de exploración sensorial principal. La propiocepción como capacidad sensitiva se puede educar y afinar. Tal y como hemos comentado en el primer capítulo, el trabajo con la propiocepción afecta a nuestro *esquema corporal* y por tanto a cómo actuamos en el medio.

La apertura de este panorama global es importante como arquitectos y paisajistas ya que nuestras agendas de diseño en numerosas ocasiones se refieren a lo sensorial. Además, el trabajo propioceptivo permite afinar nuestras habilidades de percepción del espacio, lo que influye sin duda en nuestra forma de diseñarlo. No solo ergonómicamente sino en su adecuado control de la escala. Se trata de usar la experiencia corporal directa para diseñar atendiendo a las diversas dimensiones de interrelación. Diseñar atmósferas no solo en sus aspectos visuales sino acústicos, coreográficos o de movimiento, táctiles y afectivos y, de este modo, alcanzar sus dimensiones políticas y sociales. Entender modalidades sensoriales es entender no solo percepción sino también imaginación e imaginarios así como relaciones.

En nuestro ya mencionado Laboratorio de Somática (LSAAP) en el que investigamos, observamos —mediante diversas pruebas y grabaciones en vídeo para así poder comparar— cómo la propiocepción puede educarse y afinarse con relación a la percepción del espacio en ausencia de la visión. Si queremos facilitar el acoplamiento entre cuerpos y entornos, es importante conocer cómo funcionan estos cuerpos y de qué herramientas disponen. Igualmente lo que somos capaces de percibir depende de lo que somos capaces de imaginar y viceversa. Esto lo veremos en el próximo capítulo, por lo que fomentar experiencias sensoriales no habituales es una importante fuente de aprendizaje.

Esto es precisamente lo que nos ofrece la aproximación somática según el método Feldenkrais. Nos ofrece el trabajo con nuestra imagen sensorial. El trabajo con movimientos no habituales, diferenciados, pequeños en rango para poder hacer descubrimientos en cuanto a cómo hacemos lo que hacemos con el fin de poder cambiarlo o al menos disponer de más posibilidades y modalidades sensoriales. Prestando atención a las diferencias como posibilidad de lo alternativo. Es un proceso de emancipación y revolución cotidiana basado en la percepción.

Esto no es nuevo en la historia de la arquitectura —tal vez lo es más en nuestra filosofía de vida cotidiana—. Nos referimos a las experimentaciones que llevaron a cabo, durante la década de los años sesenta y setenta del pasado siglo, los arquitectos radicales que tuvieron en el trabajo perceptivo una herramienta de cuestionamiento y reinvención de la sociedad y de los individuos. A propósito de la percepción no habitual como medio de descubrimiento destacan las *Inmersiones* de Ugo La Pietra.

Según su «sistema desequilibrante» era necesario introducir a la persona en una experiencia sensorial extrema para así cuestionar sus percepciones habituales y su relación con el mundo circundante. En la vida diaria el hábito habría conseguido adormecernos y privarnos de una imaginación más despierta y crítica. Es a partir de este acto emancipatorio de sumergirse en una experiencia radical que el individuo podría mirar a la realidad con más intensidad y criterio y pasar a percibirla en toda su variabilidad. En estos entornos se producía un aislamiento temporal que, lejos de ser un medio de escape, se convertía en una toma de conciencia para actuar. Ser capaz de percibir se asocia en estos proyectos a ser capaz de conocer y tomar partido mediante la acción en la sociedad.

Y para esto, para hacer de la percepción una herramienta de desarrollo del individuo en todo su potencial, genera prótesis, instalaciones y entornos inmersivos como «Casco Sonoro» (1968), «La Nuova Prospettiva» (1968), «Una Boccata di Ossigeno» (1970), «Nell' Acqua» (1970) o «Uomouovosfera» (1968) pero también estudia comportamientos sociales, políticos y urbanos de ruptura de la continuidad o de las normas del sistema, que acontecen en las conductas de los ciudadanos cuando son capaces de percibir opciones y áreas de impunidad para acciones inesperadas en un entorno aparentemente estandarizado. Nos referimos a estudios como *I Gradi di Libertà* (1969-76). Esto nos resulta interesante por combinar precisamente esta cuestión de percibir e imaginar. Percibir una sensación extrema para imaginar que la realidad puede ser de otra forma y a su vez estudiar fracturas donde la realidad ya es de otra forma para poder percibirla de otra manera. En los viajes desarrollados en este proyecto del centro de Milán a su periferia la sistematización y el estereotipado de la realidad se rebajan hacia los bordes coincidiendo con las acciones cada vez más resilientes, alternativas e imaginativas de sus habitantes. La afinación sensorial aquí sería la capacidad de descubrir fracturas para la evolución de lo alternativo —de nuevo una cuestión genuinamente somática—.

En esta misma línea trabajan los arquitectos radicales austriacos con los que Ugo La Pietra tuvo especial conexión. La percepción es igualmente en este grupo el vehículo para cuestionar la realidad. Destacan a este respecto Haus-Rucker-Co que con su programa «Mind Expanding» proporcionaban un viaje hacia el interior, a los aspectos sensoriales de nuestro interior: exterocepción (estímulos que vienen del exterior del cuerpo) manipulada con el fin de alcanzar conciencia interoceptiva (estímulos que proceden del interior del cuerpo) tal y como relatan en el «Mind Exander I» (1967). La percepción aquí se centra en los latidos, en el aire que respiras, en el espacio sensorial de tu interioridad o de las interioridades compartidas entre dos. En este caso la estrategia es simplificar el medio perceptivo para revelar aspectos que habitualmente se pasan por alto. Dirigir la atención hacia ellos para abordar cuerpos más plenos en su relación con el entorno y con los demás tal y como ocurre en «Balloon for Two» (1967) o en «Environment Transformer» (1968).

Las distorsiones del medio sensorial son una de las estrategias más comunes para traer realidades diversas a tu mano. Algunas cuentan con el aislamiento de alguna modalidad sensorial, otras las solapan, las integran y orquestan o las confunden como ocurre en la sinestesia.

La sinestesia, ese fenómeno por el cual en algunas personas estímulos de una clase producen sensaciones de otra, como ver o asociar color al escuchar música o al ver una letra o una palabra, es paradigma de la sensibilidad romántica de una sensorialidad —y de una obra de arte— total, de una conciencia perceptiva más elevada que fomentaría una comunidad humana más armónica enlazada en lo sensorial. Un cierto hedonismo radical que permitiría la unión con la esencia de las cosas y la continuidad más allá de nuestra piel. Viene a nuestra cabeza al respecto el dibujo acerca de los sentidos expandidos de Frederick Kiesler (1942).

Pero la sinestesia es un fenómeno especialmente interesante ya que en el ámbito de la arquitectura y el arte se ha intentado emular en numerosas ocasiones, en particular en el formato de la unión entre música y color. Los poemas «Correspondances» (1857) de Charles Baudelaire o «Voyelles» (1883) de Arthur Rimbaud abren —o reabren ya que algunos autores remontan esta sensibilidad a Aristóteles y posteriormente a Fourier— una fascinación por el solape sensorial que será desarrollado en los años posteriores a través de estudios como el de Wallace Rimington *Colour-Music. The Art of Mobile Colour* (1911) y que creará toda una tradición que se hará intensa precisamente en los años sesenta, los años de nuestras escenas de arquitectura radical, a través de la psicodelia entre otras expresiones sensoriales que propiciaban una búsqueda de una cierta conciencia universal de conocimiento y mística con base en el éxtasis y el hedonismo radical de los sentidos solapados y expandidos.

Uno de los arquitectos que trabajará más intensamente con estas premisas es Claude Bragdon quien en 1919 crea la asociación Prometheans —junto a Van Deering Perrine, pintor, y Thomas Wilfred, cantante y músico— que buceaba en las significaciones que podría tener un arte universal del color y el sonido. Thomas Wilfred acabó creando su «clavilux» con el que conformaba las obras denominadas «Lumia», pero Claude Bragdon lo desarrolló en sus «Festivals of Song and Light» y sus «Projective Ornaments» (1915-1920s). Bragdon veía a la arquitectura como la que resultaba capaz de tornar *perceptible* el espacio a través de la tridimensionalidad, pero consideraba que el mundo sensorial que desplegaban sus obras y ornamentos podía hacernos alcanzar estados más elevados de percepción, estados altamente multidimensionales.

Estos solapamientos perceptivos, que pueden ser involuntarios e inconscientes en las personas sinestésicas, también pueden promoverse en algunas variaciones a través de construcciones de la percepción elaboradas artificialmente, no solo por solape de clases sensoriales, sino por solape de puntos de observación múltiples, diversos o inventados.

La representación arquitectónica está llena de estas experimentaciones: *imaginar, ver* desde puntos de vista solapados al real o imposibles en la realidad mediante el dibujo. En algunas sesiones sensoriales-motoras del método Feldenkrais se produce esta visualización desde puntos de vista distintos o con movimientos mentales de alejarse o acercarse a los objetos, manipulando en la imaginación la hipotética percepción de un movimiento real nuestro o de objetos en el entorno. En arquitectura encontramos de nuevo, en el ámbito de la arquitectura radical inglesa, en la obra de Michael Webb —Archigram— un interesante ejemplo que nos permite concluir las reflexiones del capítulo. Si bien esta obra a la que nos referiremos es una creación más reciente en el tiempo.

En los años ochenta principalmente, Michael Webb desarrolla el proyecto «Temple Island», donde dibuja un cono de visión dividido en dos. A un lado la vista del observador de unas regatas; al otro, la vista que tendría el propio punto de fuga en el horizonte.

Observador y punto del horizonte son simétricos y en el dibujo uno puede moverse en la distancia intermedia. La sucesión de estudios acerca de estas relaciones nos muestra la riqueza de una percepción que es imaginada y real a la vez...; incluso se especula con la existencia de la realidad más allá del ámbito del cono o si este fragmento de universo lo ha creado el propio observador. Además los colores igualmente pierden saturación según su ubicación en el cono creando una suerte de *humor* o *atmósfera,* algo así como un filtro que dota a ese paisaje de afectividad. Como si la percepción externa se mezclara con la del paisaje interior humano y el paisaje interior del punto abstracto que está en el horizonte.

Hipotéticamente objetivo, este punto nos devuelve como un espejo, tintes igualmente complejos en sus atmósferas y connotaciones. A partir de ahí aparecen objetos, como un sumergible, que emanan de esa percepción y de un mundo surcado de leyes visuales, perspectivas que se pueden manipular para ver nuevas realidades.

Las percepciones imaginadas nos dan pie a entender la percepción como un ciclo del cual se desprende la imaginación.

Práctica

La práctica se desarrolla a través de la Plataforma de Somática aplicada a la Arquitectura y el Paisaje (PSAAP). Se indican a continuación Proyectos y Lecciones Somáticas de ATM de referencia. Las lecciones de ATM deben realizarse con la supervisión de profesores acreditados en el Método Feldenkrais.

Proyectos

Ver equipo completo de colaboradores y más datos en www.psaap.com:

- «Jardín Planetario», 2008. Autoras: Mª Auxiliadora Gálvez e Izabela Wieczorek. Se promueve una percepción no habitual con el fin de promover una mayor conciencia sensorial de la realidad.
- «Europan 9. Viviendas en Le Gros Seuc», 2008. Autora: Mª Auxiliadora Gálvez. Secuencias materiales y espaciales múltiples basadas en los diferentes sentidos.
- «POP-UP Somatic Architecture», 2018. Autora: Mª Auxiliadora Gálvez. Proyecto artístico y arquitectónico de antropología sensorial.

ATMs

- «Head and Eyes Movement Differenciation» AH80
- «Rhythmic Coordination #8 of the Introductory Series» ES#26
- «Eyes and Lines» AY#453

Imaginación

...uching to the right of the Plane and one to the left...

...he two legs. The Plane is...

Listen to which places more inside it...

optic chiasma

lateral geniculate body

nerve fibres

Listen to the plane that divides the body

optic chiasma

lateral geniculate body

nerve fibres

nerve fibres

ganglion cells

bipolar cells

Section... a plane dividing the body

plane, one in front, one behind... imagine a ball bouncing inside...

and back, going forward

Empezaremos diciendo que la imaginación la consideramos aquí en su estrecha relación con lo real y que, de usar la imaginación para la construcción de utopías, las usaremos como medio para lograr un motor de cambio, no como fin en sí mismas. La imaginación asociada a lo real es la más potente que conocemos. Las ficciones serán herramienta de transformación de la persona y de las relaciones que ostenta, sean estas sociales, afectivas, políticas o ecosistémicas.

Numerosos autores consideran que la imaginación tiene una base corporeizada, una base somática diríamos, y encuentran en el movimiento un origen común.

Si ponemos como punto de partida de nuestra incursión al respecto los años cuarenta y nos desplazamos de la mano de uno de los más prolíficos escritores de lo imaginado y las ensoñaciones, Gaston Bachelard, veremos que en sus escritos el movimiento básico de la imaginación es identificado con la respiración. La respiración promovida principalmente por el diafragma, ese músculo en forma de paraguas, cuenta con una dimensión cósmica en muchas culturas: la inhalación, cuando el diafragma baja, sería una expansión infinita; la exhalación con el diafragma en su cúpula máxima, la contracción sin fin, un movimiento pulsátil y rítmico para imaginar los ciclos vitales y la creación y disolución de todos los mundos.

Podríamos decir que el tipo de imaginación que encontramos en la obra de Bachelard es la «imaginación poética». En sus textos, muchos de ellos asociados a los distintos elementos, se despliegan las imágenes poéticas que las palabras otorgan y asistimos a un continuo fluir de imaginarios. Efectivamente, lo que caracteriza a la imaginación es la movilidad de las imágenes y cómo unas dan paso a otras. Sin movilidad de las imágenes no hay imaginación. El movimiento —más que su propia clase— otorga continuidad y coherencia a las distintas imágenes en la narración que construyen. Es más, los opuestos fomentan el potencial imaginativo. Cuando las contradicciones se acumulan se activa la imaginación. La diversidad de imágenes es motor de fantasía.

En estos mismos años encontramos una actitud muy similar en la arquitectura. Dimitris Pikionis encuentra en la contigüidad de los opuestos, de lo diverso, el origen de su producción. Son paradigmáticos al respecto la serie de dibujos de «Attica» (1940-50) donde paisajes reales aparecen poblados de héroes y personajes de la mitología griega. Realidad, ficción y memoria conformando un panorama enriquecido de los alrededores de Atenas. Pero también resulta patente en la revista *The Third Eye* en la que Pikionis estuvo involucrado entre 1935 y 1937 o en su propia arquitectura, tanto en el diseño de los detalles como de la escala más paisajística.

Tal vez uno de los casos más claros y conocidos sea el del acondicionamiento paisajístico de la colina Philopappou en torno a la Acrópolis de Atenas —desarrollado en la década de los años cincuenta— donde una numerosa serie de fragmentos arqueológicos se unen a modo de libre asociación surrealista para conformar un terreno en el que distintos tiempos y significados potencian un panorama que dispara continuamente la imaginación. Es más, es en la forma de un diálogo sostenido entre estos fragmentos que se diseña. Acudiendo al sitio, replanteando en tiempo real, caminando por la colina en una confrontación entre imaginarios y experiencia corporal perceptiva.

Otros dualismos, oposiciones y fragmentos aparecen asiduamente en la obra de Pikionis dejándonos atisbar más aspectos de la «imaginación poética»: naturaleza y artificio en unión, como en los detalles del área de juegos Filothei (Atenas, 1961-64) o en las iconografías de elementos como las puertas. Un ejemplo lo encontramos en la casa Potamianos (1953-55) —mujer, triángulo, sol— o en la casa Garis (1960-64) —geometrías y pez—.

Una cuestión más que genera la movilidad de las imágenes es que los tiempos se alteran y tanto memorias como visualizaciones futuras coexisten. En muchos dibujos de proyecto de Pikionis aparecen las huellas del paso del tiempo como si fueran recuerdos ya construidos e, incluso, desaparecidos. La imaginación aparece en su cualidad de evocar lo que ya no existe.

Es con arreglo a los ciclos de tiempo e imaginación e invención que podemos avanzar hacia otra teoría de la imaginación que desarrolla en los años sesenta Gilbert Simondon. Podríamos hablar en este caso de «imaginación inventora». *Imaginación e invención* es el título del curso que Simondon imparte en el año 1965-66 en París. De nuevo encontraremos aquí en la base de la imaginación el movimiento.

Simondon argumentará que en su inicio, en la aparición de la imagen, lo que existe es un haz de tendencias motrices. Desde ese inicio estudia las fases desde la creación de la imagen hacia la invención. Ese haz de tendencias motoras está asociado a una cierta preconcepción del encuentro entre la imagen y la realidad, algo así como una prepercepción. Hay un movimiento incipiente hacia ese encuentro. A partir de ahí nos dirigimos a ese *entrelazado* con la realidad y obtenemos una recolección de *inputs* sensoriales que podríamos considerar la segunda fase de este ciclo. Tras el encuentro sensorial y su huella afectiva generamos símbolos —tercera fase— y, a partir de las sinergias y compatibilidades, entre ellos iría emergiendo la invención, recomenzando el ciclo sucesivamente. Así se va produciendo una cierta decantación en el ciclo de la imaginación que destila la invención, la creación de lo nuevo.

Para que estas imágenes-símbolo puedan recombinarse y evolucionar deben mantenerse en un estado débil de polarización hacia lo que apuntan; si están muy cerradas, muy definidas, nada nuevo surgirá de ahí. Esta manera de calibrar, comparar y hacer sinergias entre imágenes permite la aparición de lo nuevo y se ubica entre el freno del pensamiento excesivamente abstracto y el arrastre que nos produce una situación perceptivamente intensa.

Simondon hace también referencia a la imagen del movimiento y cómo ésta implica nuestro *esquema corporal*. El origen de las imágenes está situado en los sujetos. Las imágenes del movimiento son para él esquemas de conductas contenidas en el sistema nervioso, posibilidades para la acción y la invención. Y es con respecto a cómo cada uno de nosotros reacciona en la creación de imágenes que alude a diversos tipos imaginativos, *visual, auditivo, motor o mixto* y nos refiere a experimentos prácticos —los denomina «tests objetivos de imaginación»— para poder indagar en el funcionamiento en nuestra persona. En concreto se refiere a un manual, que encontramos fascinante desde nuestro punto de vista somático, donde podemos explorar corporeizadamente estas cuestiones. Se trata del *Manual práctico de psicología experimental* de Paul Fraisse del año 1956. En él, además de este experimento relativo a la imaginación, se testan cosas como la sensibilidad kinestésica, el umbral diferencial del color o las reacciones emocionales, todo ello a lo largo de una serie de sesenta experimentos.

Es con estas premisas que Simondon entra de lleno en la idea de que la imaginación no es algo apartado de la realidad sino que se nutre de ella y la transforma. Un referente claro lo tenemos en paisaje y urbanismo en los ya mencionados ciclos RSVP de Anna y Lawrence Halprin —que podríamos poner en paralelo con este ciclo de la imagen en Simondon— pero también en el hacer de arquitectas como Lina Bo Bardi.

En Lina Bo Bardi, el ciclo de la imagen y sus fases hacia la invención puede ser patente en detalles como su conocido *Insecto* hecho de una bombilla fundida, una pluma y alambre o en general en su manera de concebir la técnica y la creación arquitectónica en numerosos proyectos. La manera en la que Lina recopila objetos y los conserva como imaginarios disponibles y cómo reconoce las técnicas y materiales a su alcance y a partir de ahí genera sus invenciones responde de forma muy interesante a este ciclo de la imaginación y la invención en la que el objetivo es hacer transformaciones.

Se trata de una imaginación asociada a lo real y a sus posibilidades en la que la invención viene del encuentro con la cultura material vernácula y los recursos a mano. Lina rechazaría cerrar excesivamente el proyecto a priori, permitiendo desarrollarlo en contacto con la realidad, subvirtiéndola, y esto no solo en el campo de la arquitectura, sino también en los terrenos social y político que consideraba asociados al hacer arquitectónico. La «imaginación inventora» permite adentrarse en lo existente y, a partir de ahí, en sucesivos ciclos extraerle todo el meollo que está en su potencial. Es una imaginación basada en la experiencia.

La fábrica SESC Pompéia (1977) es un inmejorable ejemplo, pero este ciclo de la imagen hacia la invención lo podríamos ilustrar con muchos aspectos de su obra y en general con su actitud creadora: la muestra «Intermezzo per Bambini» (1985) es, como ella declara, un imaginario que da inicio a un movimiento, un movimiento en los niños hacia el conocer, la invención o creación y el medio a partir de la extensa aparición de animales del imaginario brasileño. Para Lina el tiempo lineal es una cosa de Occidente; el tiempo sería «un maravillosos enredo» creativo, un ciclo en el que «en cada momento podemos seleccionar un punto e inventar soluciones, sin principio ni fin». Un ciclo de imágenes e invenciones.

También en términos de ciclo se expresa Ulrich Neisser al hablar de la imaginación. Será él, como hemos adelantado anteriormente, quien en los años setenta defina el «papel de la imaginación en el propio ciclo perceptivo».

Las imágenes aquí serían anticipaciones de las percepciones pero a su vez son las que nos incitan a percibir una información y no otra, tienen que ver con los *mapas cognitivos*. La imaginación según Neisser es un aspecto que deriva de la experiencia perceptiva y esta está asociada al movimiento, a nuestro sistema músculoesquelético —y a la imaginería motora como veremos en breve—. Sin movimiento la experiencia perceptiva es menos rica y el ciclo de la percepción que incluye anticipaciones de experiencias y objetos del medio en forma de imágenes también. Las imágenes son entendidas aquí como planes para obtener información del medio no como *fotos* que tenemos en nuestra mente. Esto último se puede extender a todos los teóricos de la imaginación que vemos en este capítulo.

En ese sentido, piezas como las *Inmersiones* de Ugo La Pietra que hemos revisado en el capítulo anterior provocarían una percepción extrema y la posibilidad de imaginar situaciones distintas a las habituales, abrirían puertas en la realidad. Podemos interpretar a nuestros efectos que *expandirían* las posibilidades del ciclo. Es en este sentido también que trabaja el artista, pedagogo y filósofo Hugo Kükelhaus.

Kükelhaus publica en 1973 *Unmenschliche Architectur* donde aparecen múltiples estudios del cuerpo humano, la percepción y la imaginación. Kükelhaus asocia una pedagogía de raíz somática (*Schulbau auf somatischer Grundlage*) al aprendizaje a partir de percepciones concretas que entran de lleno a abrir posibilidades de imaginar y explorar de forma alternativa, lo que podemos usar para ilustrar el ciclo de Neisser.

En el reino infantil donde la imaginación es prolífica, es donde propone proyectos como «Field for the Senses» (1967), «Field for the Development of the Senses» (70s) or «Sesorium» (obra póstuma). Efectivamente aquí las percepciones referidas a todo el cuerpo tendrían como objetivo abrir posibilidades para una imaginación coartada por la inactividad o el artificio de otros entretenimientos promovidos por los nuevos medios de comunicación en avance durante estos años. El proyecto vital de Kükelhaus es también todo un ejemplo de cognición corporeizada, tema que abordaremos en el próximo capítulo.

Y es que la propia experiencia corporal, según autores como Mark Johnson, define las estructuras de nuestra imaginación y estas estructuras contribuyen a nuestra comprensión y a cómo le damos significado a las cosas. La imaginación así guía nuestros razonamientos. Hablamos aquí de la «imaginación corporeizada».

Mark Johnson determina dos estructuras de la imaginación que nos interesan especialmente según nuestro punto de vista: *Image schemata* —que traduciremos como *esquemas-imagen*— y *Metaphorical projections* —*proyecciones metafóricas*—. Es a partir de nuestra experiencia en el entorno que generamos estos *esquemas-imagen* de ciertas estructuras que sentimos corporalmente. Un ejemplo sería el *esquema-imagen* del equilibrio. Y gracias a las *proyecciones metafóricas* podemos extender las estructuras y cualidades del equilibrio a otros dominios: a una formulación física, a una estructura que observamos o a una persona de la que podemos decir que es muy equilibrada. Es decir, la experiencia corporal del equilibrio nos facilita la extrapolación de ese mismo principio a otros sistemas. Sería equivalente a la *teleología* de Fuller que veíamos en la introducción y al sistema según el cual los alumnos de arquitectura adquieren intuición estructural a través de su propia experiencia de la distribución de fuerzas en su esqueleto movilizado en el medio.

Precisamente en los años ochenta —misma década de la publicación del texto *The Body in the Mind* de Johnson— el arquitecto Charles Moore desarrolla junto a Lawrence y Anna Halprin el taller «LA Spectacular», el segundo de esas características juntos: alumnos de arquitectura se sumergen en la experiencia directa de diseñar en el Sea Ranch.

Para Charles Moore, desde el primer taller que hicieron juntos en 1968, el hecho de abordar aspectos arquitectónicos a través de la acción real en el medio fue un impacto considerable que expandía el imaginario arquitectónico. Lo experimentado corporalmente y el diseño somático, sin palabras o planos —en acción— podía extrapolarse a espacios arquitectónicos invirtiendo la secuencia habitual de realizar esquemas abstractos y solo después llegar a ir conformando esa experiencia. La teoría y la arquitectura que genera Moore tendrá mucho que ver con esto. Su texto *Body, Memory and Architecture* (1977) escrito en colaboración con Kent C. Bloomer y Robert Yudell (experto en movimiento) aborda aspectos del movimiento en el espacio, la imaginación en su forma de la memoria y de la arquitectura cuando favorece esta experiencia corporal como primera premisa. En el proyecto para el Kresge College (realizado al final de la década de los sesenta por Charles Moore y William Turnbull) aparece esa coreografía espacial que podría perfectamente estar conformada por *proyecciones metafóricas* de experiencias en el medio.

Pero si ya hemos visto hasta ahora la *imaginación poética*, la *inventora*, la que pertenece al *ciclo de la percepción* y la *corporeizada*, ¿cuál es la que genuinamente promueve la aproximación somática? Claramente todas estas clases están entrelazadas en la experiencia somática pero si en una lección de Feldenkrais se incide principalmente en algún aspecto de la imaginación este sería el de la «imaginería motora». Según esta, los patrones neuronales responsables de la imaginación de una acción son en gran parte los mismos que actúan cuando realmente ejecutamos esa acción o cuando la observamos en otra persona. Así, imaginar el movimiento tendría una gran parte de los beneficios de hacer ese movimiento realmente en términos de su organización y de su imagen sensorial. Imaginar tiene consecuencias físicas.

El filósofo Shaun Gallagher, el más reciente que estudiaremos en su aproximación a la imaginación y el que más claramente está ya influido por la neurociencia, estudia esto en detalle con relación a las interconexión entre el cuerpo, el movimiento, la base corporal de la imaginación y los procesos mentales.

En esa imaginación del movimiento —y en su implementación real— intervienen, como ya adelantábamos, nuestra *imagen corporal* y nuestro *esquema corporal*. Si ya hablábamos en capítulos anteriores del *esquema corporal*, nos gustaría centrarnos ahora en la *imagen corporal*.

Gallagher clarifica estos conceptos enormemente y unifica el criterio para usar un término u otro. Recordamos que el *esquema corporal* sería la imagen sensorial-motora que guiaría la acción y operaría en un modo no consciente. La *imagen corporal,* en cambio, es la representación consciente que de nosotros mismos tenemos en términos conceptuales, emocionales, cartográficos, políticos, de género o de significado; se refiere a nuestros imaginarios corporales y se distingue del medio; es solo de nosotros. El *esquema corporal,* en cambio, debe trabajar con el medio, incluirlo, para moverse en él.

Los imaginarios corporales afectan a nuestro diseño de entornos y arquitecturas. No solo ergonómicamente, sino en las relaciones entre las personas que propiciamos —no olvidemos que somos corporeizadas siempre—. Y distintos cuerpos tienen distintas capacidades de acción y agencia. Elizabeth Diller y Ricardo Scofidio trabajan de forma intensa con estas ideas en diversos proyectos desde las identidades sexuales o las políticas del cuerpo.

En 1987 diseñan la escenografía y los artefactos de *The Rotary Notary and His Hot Plate.* En ella cada personaje cuenta con una identidad corporal muy determinada que le hace actuar en el medio de una forma y no de otra. Estas identidades también influyen en las relaciones entre los personajes y en cómo ejercen poder o deseo entre ellos. Los artefactos que los acompañan son solo construcciones arquitectónicas que extienden estas estructuras políticas y de imaginarios corporales. Permiten o limitan acciones, potencian una expresión sensorial u otra y, en todo caso, generan prohibiciones implícitas o vigilancias: «I adore you» (Te adoro) dice uno de los personajes, recibiendo la respuesta: «I am taboo for you» (Soy tabú para ti), ostentando ambos corporalidades coartadas.

También en proyectos como «Bad Press. Dissident Ironing» (1993) las formas irregulares de planchado de una camisa, el diseño de sus inéditos pliegues, aborda la diversidad de los cuerpos posibles, más allá de la norma social, y otorga valor a la diferencia, otorga valor a la disfuncionalidad y no solo a la eficacia por encima de lo demás.

La imagen corporal incide por tanto en cómo nos vemos como agentes y es afectada en términos de poder y de relaciones sociales. Es en este aspecto socio-político que nos gustaría adentrarnos ahora con más intensidad para finalizar el capítulo.

Ernesto Laclau y Chantal Mouffe en *Hegemony and Socialist Strategy. Towards a Radical Democratic Politics* (1985) expresan que «uno de los objetivos de un proyecto de democracia radical debería ser preservar el poder individual para una *imaginación radical*, es decir, las posibilidades de la utopía, de pensar lo Otro». Si seguimos este razonamiento, tendríamos que decir que el término *imaginación radical* es un término político acuñado por Cornelius Castoriadis que escribe en 1975 *La institución imaginaria de la sociedad.*

Castoriadis, político, filósofo y psicoanalista define la *imaginación radical* con dos vertientes: la de nuestra *singularidad psíquica* y la de la *dimensión histórico-social.* En cuanto a las singularidades psíquicas él se basa en las concepciones del psicoanálisis: el inconsciente y los deseos deben tomar una posición en el mundo excesivamente racional. En cuanto a la dimensión histórico-social habla de la «institución imaginaria de las significaciones» como «la que, para cada sociedad, plantea lo que es y lo que no es, lo que vale y lo que no vale, y cómo es o no es, vale o no vale, lo que puede ser y valer». Es la que condiciona nuestras representaciones y lo que vemos —imaginamos— como factible dentro de nuestra estructura social y política. Nuestros imaginarios de posibilidad o alternativa condicionan nuestra acción política y social. Solo reconociendo las utopías de «*lo Otro/ el Otro/ la Otra...*» podemos estar en condiciones de apoyar toda originalidad y de hacerla compatible con la de los demás. Cuando una sociedad asume en sus instituciones el resultado de sus prácticas reales, de forma reflexiva, esta autonomía y el sostén del individuo por parte de lo colectivo pueden llegar a ser óptimos.

La *imaginación radical* constituye un proyecto emancipatorio de la persona y las instituciones. Como también lo es la aproximación somática al dar valor a cómo cada uno de nosotros tenemos una originalidad valiosa y a desarrollar en un encuentro social que lo permita y donde el poder sea transversal. Poder que no solo sería el relativo al estado, sino el de la vida cotidiana a cuyos actos prestamos atención, les atendemos.

Igualmente la aproximación somática trata de eliminar la *rigidización* de las personas —la afiliación solo a los hábitos conocidos— y fomenta la introducción de la posibilidad desde la realidad, y no al revés que sería buscar la realidad dentro solamente de lo que consideramos posible. Dicho de otra manera, haciendo que los cambios dependan menos de las crisis y más del autoconocimiento, la curiosidad, la adaptación y la imaginación.

Estas últimas ideas pertenecen también al proyecto político de Roberto Mangabeira Unger —que igualmente usa la imaginación en su base— y que nosotros vemos en continuidad con las ideas de Castoriadis.

Mangabeira Unger aboga por la eliminación de la rigidización de nuestras construcciones políticas, que deberían estar abiertas al cambio permanente en el formato de una revolución continuada. Una revolución que, lejos de ser drástica, avanza día a día como apertura a la evolución y al cambio. Sin esperar a que sea una crisis la que obligue a reinventar bruscamente las instituciones. *Crisis* se cambiaría aquí por *imaginación* como herramienta de indagar en la realidad y promover continuos ajustes y cambios, paulatinos, pero sin apegos a lo que solía funcionar... hasta que dejó de hacerlo.

Cuerpos, arquitecturas y sociedad se pueden acoger a este proceso a la vez; las mismas palabras las podemos aplicar a unos o a las otras. En todos los casos la distancia entre la imaginación y las acciones debe ser corta —ya decíamos que las utopías las usaríamos como herramienta— pero estas imaginaciones y sus acciones se emplazarían de forma continuada. Asumiendo la forma dinámica de cuerpos, arquitecturas, políticas, sociedades y ecosistemas.

Práctica

La práctica se desarrolla a través de la Plataforma de Somática aplicada a la Arquitectura y el Paisaje (PSAAP). Se indican a continuación Proyectos y Lecciones Somáticas de ATM de referencia. Las lecciones de ATM deben realizarse con la supervisión de profesores acreditados en el Método Feldenkrais.

Proyectos

Ver equipo completo de colaboradores y más datos en www.psaap.com:

- «Gran Vía Atmosférica», 2010. Autoras: Mª Auxiliadora Gálvez e Izabela Wieczorek. Uso de la utopía como método.
- «Plovdiv Central Square», 2014. Autora: Mª Auxiliadora Gálvez. Imaginación radical y espacio público.
- «Piazza Castello», 2016-17. Autora: Mª Auxiliadora Gálvez. Revoluciones cotidianas. Paisajes y habitantes en transformación continua.

ATMs

- «Prone, moving feet and eyes, small and tall» AH80
- «A plane dividing the body» AY#112
- «Painting the left side» ES#29

Cognición corporeizada y situada

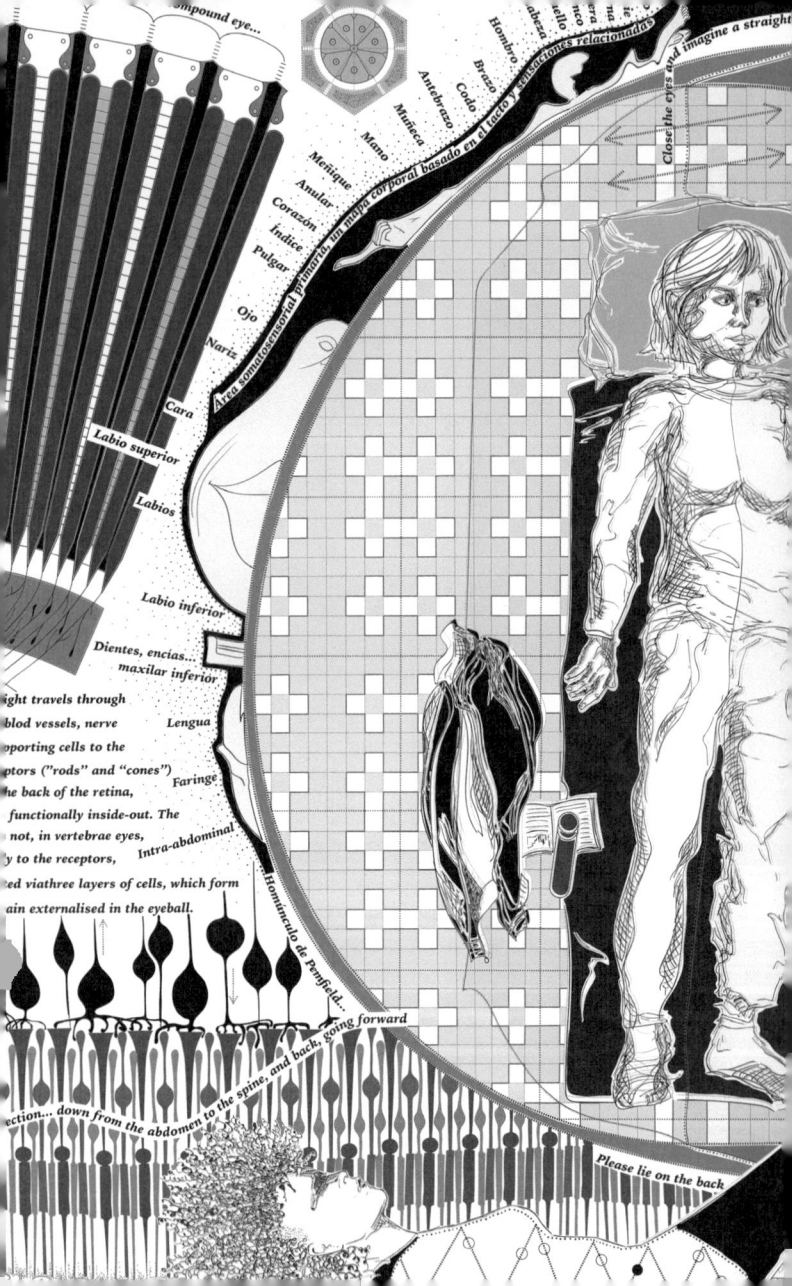

Compound eye...

Hombro...
Codo
Antebrazo
Muñeca
Brazo
Mano
Meñique
Anular
Corazón
Índice
Pulgar
Cabeza
Ojo
Nariz
Cara

Labio superior

Labios

Área somatosensorial primaria: un mapa corporal basado en el tacto y sensaciones relacionadas

Labio inferior

Dientes, encías...
maxilar inferior

ight travels through
blod vessels, nerve
pporting cells to the
ptors ("rods" and "cones")
he back of the retina,
functionally inside-out. The
not, in vertebrae eyes,
y to the receptors,
ed viathree layers of cells, which form
ain externalised in the eyeball.

Lengua

Faringe

Intra-abdominal

Homúnculo de Penfield...

ection... down from the abdomen to the spine and back, going forward

Please lie on the back

Durante los últimos años la idea de que nuestra cognición es corporeizada está bastante desarrollada. Tal vez menos presente está la idea de que es, además, *situada*; y de esta visión, las hipótesis que propugnan que además nuestras estructuras cognitivas se *extienden* en el medio, más allá de nuestra piel, son tal vez las más sometidas a debate, pero también las más excitantes desde el punto de vista de la arquitectura y el paisaje.

Somos seres corporeizados y, como ya hemos venido diciendo a lo largo de este libro, es a partir de esta corporeidad que accedemos al medio en el que vivimos.

Las ciencias cognitivas han desarrollado en las últimas décadas numerosos avances al entender cómo funciona nuestro acceso al mundo y principalmente desde los años ochenta —si bien hay antecedentes anteriores— esos avances se han aplicado especialmente al aprendizaje. Es decir, que como veremos podremos hablar igualmente de aprendizaje corporeizado o situado.

Uno de los principales enunciados, el de que nuestra cognición es corporeizada, muestra que nuestras capacidades sensoriales motoras no solo dependen de nuestro sistema nervioso central sino también del sistema músculo-esquelético, de los órganos sensoriales y del sistema nervioso periférico. Según Murat Aydede y Philip Robbins (2009) sin la cooperación del cuerpo no hay entradas sensoriales del medio y no hay respuestas motoras por parte de los agentes que actúan en él; es decir, no hay percepción ni acción, y sin percepción y acción —para darle soporte al pensamiento— este tampoco existiría. Nosotros añadiríamos que tampoco existiría la emoción. Estos cuatro aspectos, como veíamos al principio, serían interdependientes bajo nuestro punto de vista somático.

Los autores mencionados añaden que esta visión de la cognición corporeizada sería la versión *online*, pero también podemos considerar la versión *offline* de esta corporeidad de la cognición. Nos referimos a que esta dependencia de las áreas sensoriales motoras del cerebro por parte de la cognición existe también cuando no nos movemos físicamente. Solo pensar acerca de algo incluye actividad en las áreas motoras del sistema nervioso. Ya hemos hablado, por ejemplo, de la *imaginería motora* que se usa en numerosas lecciones somáticas.

Por otra parte, el desarrollo de nuestro sistema nervioso en la evolución podríamos decir que ha resultado así debido a su interdependencia con nuestra estructura corporal: no empezamos a trabajar con las manos y a construir cosas con ellas porque tuviéramos ya un cerebro que lo permitiera y liderara; nuestro cerebro se desarrolló a la vez que la mano aprendía a hacer cosas. La configuración de la mano y cómo esta descubría que podía ir interactuando con el medio provocó el desarrollo del sistema nervioso que conocemos. Ambos son altamente interdependientes.

Frank R. Wilson desarrolla esto admirablemente en su texto *The Hand. How its use shapes the brain, language, and human culture* (1998). En el fondo, lo que esto viene a apuntar es de nuevo la relación entre movimiento, percepción, cognición y aprendizaje. En esta visión, las partes del cerebro que permiten la acción de la mano formarían parte de esta, y viceversa, esas partes del sistema nervioso formarían parte de la mano, que difícilmente podríamos delimitar en la muñeca. El movimiento corporal y la actividad cerebral interactúan y son interdependientes funcionalmente.

De acuerdo con estas ideas los arquitectos Beatriz Colomina y Mark Wigley con su pregunta *Are we human?* (2016) aportan cómo además la funcionalidad de los objetos —las herramientas por ejemplo— no aparecen en un primer momento como objetivo. Muchos años antes de que las piedras talladas en forma de lágrima fueran usadas como herramientas y armas por la especie humana, esta ya las valoraba y fabricaba parece ser que principalmente por su valor ornamental, por su belleza. Solo tras años de esta manipulación y observación apareció su utilidad como herramienta. ¿Quién diseña entonces a quién? ¿Es el medio el que diseña nuestro sistema nervioso y sus posibilidades o es el organismo el que diseña... no sin pagar el precio de verse afectado y transformado por sus propios diseños y la interrelación cognitiva que establece con ellos? Es una importante pregunta que podemos asociar a los aspectos de la cognición situada.

Hablamos de cognición situada cuando reconocemos, además de las tesis corporeizadas, que la cognición actúa embebida en las estructuras sociales y medioambientales de una situación. Es decir, se atiende a las complejas interrelaciones entre el cuerpo, la mente y el mundo en sus circunstancias. La cognición no es ajena a ellas.

La aproximación somática encuentra en la cognición situada el carácter de su sistema de aprendizaje. Un aprendizaje basado en la experiencia en el medio, interrelacionado con otros, social, pero único de la persona y percibido desde el interior, porque las circunstancias y la historia de todas y cada una de nosotras es diferente. Un aprendizaje basado en pensar haciendo, en acción, y asociado a una situación en la que estamos inmersos. Percibiendo cómo hacemos lo que hacemos, con relación a este medio y no otro y con la imagen corporal como parte activa de ello, es decir, con cuestiones políticas, sociales o conceptuales —entre otras— que lo enmarcan y condicionan.

En este sentido las ideas del proyecto feminista de algunas representantes del nuevo materialismo como Rosi Bradotti nos resultan de interés aquí. Según Braidotti, se trata de construir «subjetividades nómadas» capaces de tener conciencia de su historia, de su posición y de los sitios que les reservan los discursos jerárquicos dominantes y fijos para sumergirlos en un panorama más amplio de posibilidad y de esta forma superarlos por un pensamiento propio. El aprendizaje situado es de carácter nómada, es decir, las subjetividades nómadas asumen el cambio y la consideración de alternativas y cuerpos posibles; no hay unos mejores que otros.

La subjetividad es multicapa, compleja, y el hecho de traer más conciencia a cómo es o puede ser no es para quedarse mirando hacia el interior, sino para actuar de forma más libre y solidaria. Esta subjetividad nómada por la que abogamos puede construirse con el proyecto somático, resiste la repetición acrítica y apoya un aprendizaje genuino y propio de las diversas localizaciones que transita: sociales, ecológicas, simbólicas, imaginativas... y asume formas de aprendizaje no solo basadas en la razón —logocéntricas— o en los significados que tradicionalmente ha dado la predominancia del sujeto blanco y masculino. Otras identidades tienen otras interconexiones en la creación de conocimiento y en la construcción de ellas mismas.

Así, el énfasis en cómo la cognición es situada reduce la presencia de lo fijo y universal y facilita el valor de lo múltiple, complejo y particular. También provoca el llevar la atención a terrenos de aprendizaje no habituales que conllevan reflexión y una sabiduría nómada capaz de la transformación.

La cognición es aquí constante flujo de interconexiones, de pensamientos diversos, de base encarnada y diferenciada.

Nos quedaría por mencionar la variedad *extendida* de cognición situada. Y es que diversos autores como Andy Clark y David Chalmers (1998) argumentan que, además, nuestro sistema cognitivo se extiende más allá de nuestra piel usando el medio ambiente como unidad de almacenaje de memoria, por ejemplo, o como mapa de referencias que disparan informaciones sin que todas estas tengan que estar continuamente siendo registradas por nosotros: podemos recurrir al entorno para encontrar esos datos cuando queramos y tal vez solo tenemos que preocuparnos de detectar los cambios producidos en ese medio —nuestra percepción visual es paradigmática de esto—. De algún modo si cuerpo y mente trabajan juntos; también lo hacen en interdependencia con el medio y extendiéndose en él. Esto es muy evidente en el diseño de entornos interactivos. Es interesante además recordar aquí que hay una conexión muy cercana entre nuestro sistema nervioso central y nuestra piel: el tejido de ambos se desarrolla a partir de la misma capa germinal del embrión, el ectodermo. Si, como dice Deane Juhan, podemos considerar la piel como la superficie externa del cerebro y el cerebro como la capa más profunda de la piel, igualmente parece atractivo considerar el medioambiente y todo lo que nos rodea como una capa extendida de nuestro cerebro y viceversa.

El sistema cognitivo incluye, así, al entorno. Y a la vista de esto, en clave tal vez más poética pero de similar base, nos gustaría mencionar aquí el proyecto que en 1959 desarrollan Yves Klein y Werner Ruhnau para la creación de la School of Sensibility. Yves Klein define la sensibilidad como aquello que existe más allá de nosotros mismos pero que nos pertenece igualmente.

La cognición, el aprendizaje y el conocimiento tendrían que ver con lo inmaterial y con la inmersión en instantes, instantes momentáneos pero que dejan la huella de una concurrencia de la experiencia y la atmósfera. La escuela de sensibilidad incluiría aspectos de escultura, pintura, arquitectura, teatro, fotografía, crítica, política, historia o economía. También artes marciales. Y es que Yves Klein desarrolla gran parte de sus ideas a través de su propia práctica —corporeizada— de yudo; es con ella que descubre esta cierta sensibilidad atmosférica extendida entre los cuerpos y los entornos.

Esta misma manera de indagar en la realidad estaba presente en su propuesta para el «Teatro del Vacío» desarrollado en los mismos años. Un generador de situaciones a habitar para conocer aspectos de la realidad. En estas situaciones no habría espectadores y actores, sino una simultaneidad de ambas figuras. Entrar en acción para conocer la realidad y al mismo tiempo observar lo que se hace y lo que se produce, en un acto artístico de cognición situada que sería una herramienta de construcción y de conocimiento del medio y de las personas.

Esta cuestión de conocer *haciendo* es un hecho fundamental de la cognición corporeizada y está íntimamente ligada igualmente al aprendizaje espacial, tan fundamental en la disciplina arquitectónica pero no solo.

El aprendizaje espacial incluiría modalidades del pensar múltiples. Se trata aquí de actuar en acción y conocer y aprender en acción, en el espacio. Y esto incluye modos de pensar no excluyentes de lo emocional o de los imaginarios sensoriales, por ejemplo.

Cuando actuamos en el espacio pensamos acerca de determinadas propiedades espaciales como la dirección, pero no pensamos en el concepto de *dirección*. El pensamiento conceptual no es el único modo. Es decir, pensamos y conocemos en marcha, tomando decisiones en la propia interacción con el mundo según la base sensorial y motora de nuestro encuentro con él. Esto es detalladamente estudiado en el texto de autoría coral *Space in Mind. Concepts for Spatial Learning and Education* (2014) donde se recoge el creciente interés por incluir el aprendizaje espacial en el curriculum de diversas disciplinas ya que es un modo de pensamiento que permite moverse transversalmente en el conocimiento. Diana S. Sinton (2014) define el pensamiento espacial como «la habilidad de visualizar e interpretar posición, localización, distancia, dirección, movimiento, cambio y relaciones en el espacio». Esto precisamente es lo que igualmente se entrena a través de nuestro proyecto somático en el Laboratorio de Somática aplicada a la Arquitectura y el Paisaje.

Nuestra propuesta es que esto debe hacerse de forma corporeizada, en acción.

El pensamiento en acción, aquel en el que de algún modo la teoría y la práctica suceden a la vez, ha sido estudiado de forma extensa en el clásico *The Reflective Practitioner. How Professionals Think in Action* (1983) de Donald A. Schön. En él se analizan diversas profesiones, entre ellas la arquitectura, en las que hay habitualmente un conocimiento tácito difícil de expresar en palabras pero extremadamente valioso. El modo de pensar en acción se establece aquí a través de un diálogo sostenido con la situación en la que uno se adentra y de la cual desconoce todos los detalles porque parte de los mismos se van construyendo en tiempo real.

Al igual que en nuestra aproximación somática, muchos de los descubrimientos se realizan a través de figuraciones «¿Qué ocurriría si...?». Y en ese ocupar unas situaciones u otras emergen posibilidades. De nuevo la versatilidad del cambio de localización nómada de Braidotti. De este modo emergen nuevas teorías: en lugar de aplicar una teoría a nuestra acción, el observar nuestro hacer y crear protocolos que revelen sus pautas genera nuevas teorías, más acordes entre lo que practicamos y lo que expresamos.

Esto tiene un antecedente ineludible en este capítulo, nos referimos a las teorías de John Dewey en cuanto a la experiencia como educación (1938). Para él hay una conexión orgánica y patente entre aprendizaje y experiencia personal. De forma que cada experiencia es una fuerza que permite un avance en el crecimiento, en la cognición. Las experiencias se sumergen en situaciones y situación e interacción son inseparables. Cuando aprendemos integrando la experiencia conseguimos un conocimiento más disponible para ser usado. La distancia entre teoría y práctica es más corta y la práctica puede construir teorías.

Esto supone que uno de los mayores logros de estas experiencias cognitivas sea generar un mayor deseo continuado de aprender. Las prácticas somáticas profundizan en la idea de que las experiencias nos cambian. Vamos construyendo/ construyéndonos a través de experiencias en continuidad. La neuroplasticidad nos asegura ser estructuras cambiantes a lo largo de toda nuestra vida. Esta conciencia nos hace, de nuevo, ser organismos, si así lo permitimos, un poco más nómadas y abiertos al cambio, en transformación.

Para finalizar, nos adentraremos en una manera arquitectónica de entender la cognición corporeizada y situada en la que organismos y entornos generan situaciones únicas y en la que los entornos coreografían de forma intensa nuestro pensar en acción.

Nos referimos a la serie de instalaciones denominadas «objetos coreográficos» creada por el coreógrafo William Forsythe: el objeto coreográfico está, por naturaleza, abierto a una amplia paleta de insinuaciones fenomenológicas porque reconoce al cuerpo como una entidad completamente diseñada para leer persistentemente cada señal del entorno en el que está inmerso y, por su parte, la acción corporal lo modifica en tiempo real.

En semejantes medios, diseñados para el movimiento y para la acción tras la acción, la situación se reconfigura continuamente en virtud de un diálogo de afecciones multidireccionales, de una atmósfera cargada de experiencias cognitivas compartidas entre persona y entorno. Atmósferas perceptivas y cognitivas se confunden con las atmósferas de la acción. Los objetos instigan así el pensar en acción que podríamos llamar, como hace Forsythe, «pensamiento coreográfico», en un modo cognitivo altamente sensible a la adaptación, a la invención y la transformación.

Práctica

La práctica se desarrolla a través de la Plataforma de Somática aplicada a la Arquitectura y el Paisaje (PSAAP). Se indican a continuación Proyectos y Lecciones Somáticas de ATM de referencia. Las lecciones de ATM deben realizarse con la supervisión de profesores acreditados en el Método Feldenkrais.

Proyectos

Ver equipo completo de colaboradores y más datos en www.psaap.com:

- «Sunset Expander», 2012-13. Autores: Mª Auxiliadora Gálvez, Edgardo Mercado, Victoria Cobeña e Izabela Wieczorek. Cognición corporeizada como creadora de capital social.
- «House of Fairytales», 2013-14. Autora: Mª Auxiliadora Gálvez. Arquitectura como objeto coreográfico.
- «LSAAP Laboratorio de Somática aplicada a la Arquitectura y el Paisaje», 2016. Autora: Mª Auxiliadora Gálvez. Laboratorio de cognición corporeizada.

ATMs

- «Pretzel arms», PL
- «On the side, the sternum becoming flexible» AY#217
- «Exploring hand to foot» AH80

Reflexiones finales

Tras este paseo por el mapa del Espacio Somático, espero haber podido abrir un panorama de posibilidad.

La investigación en este horizonte adquiere tintes fundamentales para entender lo vivo y sus construcciones, también sus deseos y afecciones.

Creo que esta línea de horizonte es una línea simétrica a nosotros —como el punto de fuga de Michael Webb— y que, cuanto más nos acercamos tratando de fundirnos con ella, menos podemos asirla porque encontramos el ensanchamiento de sus dimensiones y su profundidad.

¿Podría ser que tan solo viajando hacia el interior de lo que somos pudiéramos rescatar construcciones políticas, sociales, arquitectónicas o ecológicas libres, diversas, sinergéticas y capaces de la autorrenovación?

¿Podría ser este un viaje hacia el interior de lo vivo para poder percibir desde mejor posición —desde dentro— todo lo que supuestamente es exterior a nosotros?

Me parece que estas preocupaciones deben formar parte de la agenda arquitectónica y del paisaje actual.

La vía del Espacio Somático no es por supuesto la única, pero creo que es una valiosa a considerar por la multitud de interconexiones y porque involucra al cuerpo de un modo directo, tratando de entender cómo somos a partir de una autorreflexión donde la curiosidad y la imaginación son la base del aprendizaje y de la transformación propia y de nuestros entornos.

Creo que dibuja un manual de instrucciones del cuerpo y del medio y que sus trazos pueden aplicarse a múltiples aproximaciones...

Tantas como cuerpos y naturalezas diversas genera nuestro devenir vital, tantas como las metamorfosis posibles del *continuum* naturaleza-cultura.

Muchas reflexiones se me quedan en el tintero y seguramente los ejemplos y proyectos podrían haber sido otros, pero este libro es también una cartografía de mi transitar en los últimos años y, por tanto, propone una visión parcial.

No pretende contenerlo todo, sino mostrar el germen de un ovillo interrelacionado que anhelo seguir desenrollando y enrollando con la ilusión de quien agradece que el campo ante su mirada no se acabe nunca. Con la ilusión de quien espera descubrir, cada vez, una cosa nueva.

Me encantará para ello contar con todas las hebras y enredos que las personas que se acerquen a estas líneas quieran proporcionar.

Personas de cuerpos múltiples decididas a explorar... La arquitectura somática nace de esta multiplicidad de cuerpos.

Epílogo: soy arquitecta y trabajo con cuerpos

Trabajo con cuerpos porque ellos son pensamientos, sensaciones, afectos, acciones...

Trabajo con cuerpos porque cualquier consideración ecológica parte de cómo se relacionan unos cuerpos con otros y con sus entornos. Porque si queremos cambiar el modo en el que actuamos en el planeta y ser *ecovisionarios* necesitamos también cambiar el modo en el que tratamos a estos cuerpos y al nuestro... y cambiar la imagen estereotipada de los cuerpos por imágenes originales en biodiversidad en un medio biodiverso.

Trabajo con cuerpos porque conociendo sus imaginarios podemos tender a relaciones políticas panárquicas en las que el poder emerja por igual de cada cuerpo, y de cada cuerpo con originalidad y creatividad únicos... y todos son empoderados en y por su especificidad pero todos solidarios en y por su *comunalidad*.

Trabajo con cuerpos porque tienen la clave acerca de cómo conocer el conocer tan solo mirando hacia su acción y su autoorganización.

Trabajo con cuerpos porque contienen paisajes y su esencia es la esencia de otros organismos y de otras naturalezas.

Trabajo con cuerpos porque vivimos aisladamente pero si no tomamos la realidad de forma literal descubrimos la continuidad y la multidimensionalidad. Trabajo con cuerpos para conocer cómo se accede a la esencia de esa continuidad, de esa multidimensionalidad.

Trabajo con cuerpos porque somos cuerpos, somos corporeizados, y porque cualquier acción en el planeta, arquitectura o paisaje tendrá su enlace a múltiples cuerpos diversos y porque estas acciones, arquitecturas o paisajes para cuerpos de sangre fría y caliente, solo serán éticas si los contemplan a todos y cada uno de ellos.

Trabajo con cuerpos porque el planeta también es nuestro cuerpo. Geografía y piel en sus diferencias son solo una cuestión de escala.

Trabajo con cuerpos porque son accidentes y lugar, meteorología y aire, atmósferas y realidad.

Trabajo con cuerpos porque arquitectura y paisajes necesitan conocerlos para poder gritar y acompasar lo que son... Para revelarlos en su originalidad.

Trabajo con cuerpos porque son los que *construyen/se construyen, destruyen/se destruyen.*

Trabajo con cuerpos viajando a su interior para conocer y ser sensible a lo supuestamente exterior.

Trabajo con cuerpos porque aún no sé *lo que un cuerpo puede hacer.*

Trabajo con cuerpos, trabajo con mundos.

Trabajo con cuerpos por sus dimensiones intangibles e invisibles.

Trabajo con cuerpos porque son frágiles y vulnerables, fuertes y perversos. Porque nacen y mueren y traspasan umbrales.

Trabajo con cuerpos porque no puedo eludir la corporalidad de lo que soy ni la invisibilidad de lo que algún día seré.

Trabajo con cuerpos porque se nos acaba el tiempo. Trabajo con cuerpos porque ellos son tiempo.

Trabajo con cuerpos porque traen una realidad a la mano, porque cuando tocan hacen revoluciones.

Madrid, julio de 2019

Bibliografía relacionada

AYDEDE, Murat; ROBBINS, Philip. *The Cambridge Handbook of Situated Cognition*. Nueva York: Cambridge University Press, 2009.

BACHELARD, Gaston. *El aire y los sueños*.
México: Fondo de cultura Económica, 1958.

BARAD, Karen. *Meeting the Universe Halfway*.
Londres: Duke University Press, 2007.

BERLEANT, Arnold. *The Aesthetics of the Environment*.
Filadelfia: Temple University Press, 1992.

BLAKESLEE, Matthew; BLAKESLEE, Sandra.
El mandala del cuerpo. El cuerpo tiene su propia mente.
Barcelona: La Liebre de Marzo, 2009 (2007).

BLOOMER, Kent; MOORE, Charles. *Body, Memory and Architecture*.
EEUU: Yale University Press, 1977.

BÖHME, Gernot. *Atmosphäre. Essays zur neuen Ásthetik*.
Berlín: Suhrkamp, 2013.

BORGONUOVO, Valerio; FRANCESCHINI, Silvia.
Global Tools, 1973-1975. Estambul: Salt, 2015.

BOTAR, Oliver; WÜNSCHE, Isabel.
Biocentrism and Modernism. Routledge, 2011

BRAIDOTTI, Rosi. *Nomadic Subjects. Embodiment
and Sexual Difference in Contemporary Feminist Theory*.
Nueva York: Columbia University Press, 2011.

BRAUNGART, Michael; MCDONOUGH, William. *Cradle to Cradle.
Re-making the Way We Make Things*. Londres: Vintage, 2009 (2002).

BUCK, D. Nicholas. *A Musicology for Landscape*.
EEUU: Routledge, 2017.

CALAIS-GERMAIN, Blandine. *Anatomy of Movement*.
Seattle: Eastland Press, 1993 (1985).

CASTORIADIS, Cornelius. *La institución imaginaria de la sociedad*.
Barcelona: Tusquets Editores, 1983 (1975).

COLOMINA, Beatriz; WIGLEY, Mark. *Are we human?*
Zurich: Lars Müller Publishers, 2016.

DANN, Kevin T. *Bright Colors. Falsely Seen. Synaesthesia and the Search
for Trascendental Knowledge*. EEUU: Yale University Press, 1998.

DEWEY, John. *Experience and Education*.
Nueva York: Simon&Schuster, 1938.

DOLPHIJN, Rick; VAN DER TUIN, Iris. *New Materialism:
Interviews & Cartographies*. USA: Open Humanities Press, 2012.

DOWNS, Roger; STEA, David. *Image and environment. Cognitive Mapping and Spatial Behavior*. Transaction Publishers, 1974.

EBELING, Siegfried. *Space as Membrane.* Londres, 2010 (1926).

FELDENKRAIS, Moshe. *Awareness Through Movement.* EEUU: Penguin, 1972.

FRAISSE, Paul. *Manual práctico de psicología experimental.* Buenos Aires: Ed. Kapelusz, 1960 (1956).

FRANCÉ, Raoul. *Plants as Inventors.* Nueva York: Albert and Charles Boni, 1923.

FULLER, Buckminster. *Operating Manual for Spaceship Earth.* Zurich: Lars Müller Publishers, 2008 (1968).

FULLER, Buckminster. *Utopía or Oblivion.The prospects for humanity.* Zurich: Lars Müller Publishers, 2008 (1969).

GALLAGHER, Shaun. *How the Body Shapes the Mind.* Nueva York: Oxford University Press, 2005.

GREGORY, R.L. *Eye and Brain. The Psychology of Seeing.* Londres: Weidenfeld and Nicolson, 1966.

GROSSNER, Karl; JANELLE, Donald G.; MONTELLO, Daniel R. *Space in Mind. Concepts for Spatial Learning and Education*. EEUU: MIT Press, 2014.

HALPRIN, Lawrence. *The RSVP Cycles. Creative Processes in the Human Environment*. Nueva York: George Braziller, 1969.

HELLPACH, Willy. *Géopsyché. L'Ame Humaine sous l'influence du Temps, du Climat, du Sol et du Paysage*. París: Payot, 1944 (1923).

hooks, Bell. *Yearning. Race, Gender, and Cultural Politics*. Boston: South end Press, 1990.

HUSSERL, Edmund. *Phenomenology and the Foundations of the Sciences. Third Book*. La Haya: Martinus Nijhoff, 1971.

INGOLD, Tim. *The Perception of the Environment*. EEUU: Routledge, 2000.

JOHNSON, Mark. *The Body in the Mind. The Bodily Basis of Meaning, Imagination, and Reason*. Chicago: The University of Chicago Press, 1997.

JUHAN, Deane. *Job's Body*. EEUU: Barrytown/Station Hill Press, 1987.

KLEIN, Yves. *Overcoming the Problematics of Art*. Spring Publications, 2016 (2003).

KÜKELHAUS, Hugo. *Unmenschliche Architectur*. Alemania: Gaia, 1973.

KWINTER, Sanford. *Architectures of Time. Toward a Theory of the Event in Modernist Culture*. USA: The MIT Press, 2001.

LACLAU, Ernesto; MOUFFE, Chantal. *Hegemony and Socialist Strategy. Towards a Radical Democratic Politics*. Londres: Verso, 1985.

LE BRETON, David. *Sensing the World. An Anthropology of the Senses*.
Londres: Bloomsbury Academic, 2017 (2006).

LYNCH, Kevin. *La Imagen de la Ciudad*. Barcelona: GG, 1998 (1960).

MANGABEIRA UNGER, Roberto. *El despertar del individuo. Imaginación
y esperanza*. Buenos Aires: Fondo de Cultura Económica, 2009 (2007).

MATURANA, Humberto; VARELA, Francisco. *El árbol del conocimiento.
Las bases biológicas del entendimiento humano*. Chile: Lumen, 1984.

MERLEAU-PONTY, Maurice. *Phénoménologie de la Perception*.
París: Éditions Gallimard, 1945.

MONTAGU, Ashley. *Touching: The Human Significance of the Skin*.
Nueva York: Columbia University Press, 1971.

MYERS, Thomas. *Vías anatómicas. Meridianos miofasciales para
terapeutas manuales y del movimiento*. Barcelona: Elsevier, 2015 (2014).

NEISSER, Ulrich. *Cognition and Reality. Principles and Implications
of Cognitive Psychology*. San Francisco: Freeman, 1976.

RODAWAY, Paul. *Sensous Geographies. Body, Sense and Place*.
Londres: Routledge, 1994.

SCHAFER, Murray. *The Soundscape. Our Sonic Environment
and the tuning of the World*. USA: Destiny Books, 1977.

SCHÖN, Donald A. *The Reflective Practitioner. How Professionals
Think in Action*. Nueva York: Routledge, 2016 (1983).

SCHUMACHER, E.F. *Lo pequeño es hermoso*.
Madrid: Tursen, 1994 (1973).

SCHWENK, Theodor. *El caos sensible*.
Madrid: Editorial Rudolf Steiner, 1988 (1962).

SHUSTERMAN, Richard. *Body Consciousness. A Philosophy of Mindfulness and Somaesthetics*. Nueva York: Cambridge University Press, 2008.

SIMONDON, Gilbert. *Imaginación e invención*.
Buenos Aires: Cactus, 2013 (2008).

TUAN, Yi-Fu. *Space and Place. The Perspective of Experience*.
Minneapolis: University of Minnesota Press, 1977.

VON UEXKÜLL, Jakob. *A Foray into the worlds of animals and humans*.
Minnesota Press, 2010 (1934).

WILSON, Frank R. *The Hand. How its use shapes the brain, language, and human culture*. Nueva York: Vintage Books, 1999 (1998).

Agradecimientos

Gracias a mi familia por todo.

Gracias a Juan García Millán y María Fernández Hernández por la propuesta y la confianza.

Gracias a Izabela Wieczorek por su generosidad y amistad infinita... También a Jonathan.

Gracias a Isabel Daganzo por todas las tardes de estudio compartidas... También a Téllez por su saber y lectura incansables.

Gracias a Andrés Perea porque esas conversaciones siempre me hacen feliz... como meteoritos golpeando el glaciar.

Gracias a Jaime Polanco por todo lo que he aprendido de él.

Gracias a Juan Herreros por su vitalidad y soporte... También a Blanca.

Gracias a Valerio Canals por todas las horas que me ha regalado.

Gracias a Iñaki Ábalos, por estar en el final del principio... También a Kaska.

Gracias a Moisés Prieto y Fe Vila por su mirada y cuidado que siempre me han hecho sentir apreciada... También por su lectura.

Gracias a Ángel Borrego por ponerle nombre a las cosas.

Gracias a María Ruíz por tanto entusiasmo y por su composición de saberes.

Gracias a Chus Jiménez por su caminar investigador.

Gracias a Malcolm Manning por presentarme el universo de lo vivo... También a Sophie.

Gracias a Mauro.

Gracias a todos los que han hecho posible o han participado en LSAAP y en especial a Mª Concepción Pérez (Chiqui) y Mariano Molina. Gracias a vosotros he podido avanzar.

Me dejo nombres... muchos... a ti... ¡gracias!

Este libro se terminó de imprimir
en Madrid, en diciembre de 2024